Blumen GESCHICHTEN

MÄRCHEN
FÜR HERZ
UND SEELE

LANDLEBEN

ERICH WEIDINGER

Foto: Mathias Weidinger

Inhalt

Himmlische GESCHICHTEN

Foto: courtyardpix/shutterstock.com

Warum die Rose Stacheln hat

Als der liebe Gott die Erde und alle Lebewesen erschuf, war er bereits von vielen Engeln umgeben, die ihm bei seiner Schöpfung und Arbeit halfen. Die wichtigsten Engel waren die Erzengel. Einer davon trug den Namen Luzifer, was so viel wie der „Leuchtende" oder „Lichtbringer" bedeutet. Er war klug, aber anders als die anderen. Er lehnte sich gegen Gott auf. Er meinte schlauer zu sein, nicht auf Gott hören zu müssen. Er wollte selbst Herrscher und Schöpfer sein. Viele, die glauben, sie sind die Schönsten, Klügsten und Stärksten, werden von sich selbst geblendet. Der Hochmut bringt sie jedoch zu Fall. Und das war auch bei dem Engel Luzifer so. Er wurde mit seinen Anhängern von Gott verstoßen. Vom Himmel hinaus, in die Hölle hinab. Alles braucht sein Gegenteil. Das Schöne benötigt das Hässliche, und das Gute braucht das Böse. Sonst gäbe es keine Unterschiede auf dieser Welt.

Der Erzengel Michael half dem lieben Gott dabei, Luzifer hinauszuwerfen, der sich natürlich dagegen wehrte. Doch es half nichts. Er musste mit seinen Freunden auf alle Zeiten und für alle Ewigkeit in die Hölle. Seitdem trägt er bei den Menschen den Beinamen „Teufel".

Luzifer wollte sich anfangs nicht mit Gottes Entscheidung abfinden. Der Himmel sei groß genug für alle, meinte er. Als gefallener und verstoßener Engel verschwanden nämlich seine Engelsflügel, und so konnte er nicht aus eigener Kraft auf die Himmelswiese hinauf.

Er ließ aus dem Höllenboden aufrechte feste Pflanzenstiele mit Rosenblüten an den Spitzen wachsen. Himmelhoch. Als Leiter gedacht, um daran hinaufzukommen. Dazu brauchte der Teufel aber Sprossen, und so ließ er viele Stacheln aus den Stielen wachsen, die alle nach oben zeigten. Damit konnte der gefallene Engel Sprosse für Sprosse hinaufsteigen, wie auf einer Treppe. Aber der Weg zum Himmel ist weit und dauert lange, vor allem, wenn man nicht erwünscht ist.

Doch der liebe Gott bemerkte, dass da etwas nicht stimmte. Darum heißt es auch, Gott sieht alles. Er erkannte die List des Bösen und ließ die Stiele der Pflanze dünner und weicher werden. Plötzlich bogen sich unter dem Gewicht des Teufels die Rosen nach unten. Die Blüten an der Spitze erreichten nicht mehr die Himmelswiese. Da wurde

Foto: LutsenkoLarissa/shutterstock.com

Luzifer zornig und beschimpfte die Rose mit wilden Worten und Flüchen. Das ließ sich die Blume nicht gefallen. Sie drehte ihre Stacheln einfach nach unten. Alle auf einmal. Jetzt hatte der Teufel keinen Halt mehr mit seinen Füßen. Mit großer Geschwindigkeit rutschte er in die Hölle zurück – holte sich dabei blutige Finger, denn er hatte versucht, sich trotzdem festzuhalten. Die selbst erschaffene Himmelsleiter gab es nun nicht mehr.

Seither haben die Rosen Stacheln. Stacheln, die nach unten zeigen – damit sie sich vor allen schlimmen Dingen, die meist von unten kommen, selbst schützen können.

WISSENSWERTES

POESIE UND MUSIK

Das berühmteste Gedicht, das es zur Rose und ihren Stacheln gibt, stammt von Johann Wolfgang von Goethe (1749–1832). Es wurde über 50-mal vertont. Die bekannteste Version, „Sah ein Knab ein Röslein stehn", ist als Volkslied bekannt geworden und wurde von dem Braunschweiger Musiklehrer Heinrich Werner (1800–1833) komponiert. Das wohl bekannteste Rosengedicht, „Des Sommers letzte Rose", stammt von dem irischen Dichter Thomas Moore (1779–1852) und wurde sehr häufig vertont.

KUNST

Es gibt kaum einen ernst zu nehmenden Maler, der nicht Rosen in seinen Gemälden verarbeitet hat. Carl Spitzweg (1808–1885) hat sogar einen Mann mit Rosen in dem humorvollen Bild „Keine Rosen ohne Dornen" gemalt. Als wunderschönes Gegenstück sei das Gemälde „Die Seele der Rosen" des britischen Künstlers John William Waterhouse (1849–1917) erwähnt.

TIPP VON KARL PLOBERGER

Gibt es 20.000 oder doch 30.000 verschiedene Rosensorten? Egal – verströmt eine Rose ihren Duft, ist alles vergessen, was die Königin begleitet: Sternrußtau, Rosenrost oder Mehltau, dazu Blattläuse oder Triebbohrer –, wer im Mittelpunkt des Interesses steht, ist umkämpft. Mit der richtigen Sortenwahl haben Schädlinge und Krankheiten jedoch „schlechte Karten". Mein persönlicher Tipp ist das Kürzel „ADR". Es steht für „Allgemeine Deutsche Rosenneuheitenprüfung" und nur knapp 130 Rosen von den Tausenden haben diese „TÜV-Prüfung" bestanden. Sie werden selten krank, wachsen stark und blühen kräftig. Krankheiten und Schädlinge müssen bei diesen Sorten nicht bekämpft werden – und das ist biologisch einwandfrei!

Des Sommers letzte Rose

Blüht hier noch, einsam, rot –
All ihre schönen Schwestern
Sind schon verwelkt und tot!
Nicht Freunde stehen bei ihr,
Kein junger Rosenstrauch,
Zu frohem Wiederglühen,
Zu tauschen Hauch um Hauch.
Will dich nicht welken lassen,
Dich, die ich einsam fand;
O sei zu deinen Schwestern
In ewigen Schlaf gesandt!
Ich streue deine Blätter
So gerne auf die Gruft,
Wo deine Lieben welkend
Nun liegen ohne Duft!

Thomas Moore (1779–1852)

Foto: Paul Aniszewski/shutterstock.com

Warum es giftige Pflanzen gibt

Nachdem der Schöpfer die Natur erschaffen hatte, befand er sie für gut und schön. Alle Tiere, die auf der Erde lebten, fühlten sich wohl, vom Insekt bis zum Elefanten. Die Vielfalt der Blumen erfreute ebenfalls alle Lebewesen, von der Biene bis zum Menschen.

Einst saß ein junges Mädchen am Wegesrand unter einem großen Kreuz, auf dem eine Jesusfigur angebracht war. Das Mädchen hatte in der hohen Wiese Blumen gepflückt und sie zu einem bunten Kranz zusammengeflochten. Sie wollte mit diesem natürlichen Schmuckstück Jesu Kopf zieren, denn der Gekreuzigte tat ihr leid. Um so weit nach oben zu kommen, musste sie auf einen Stein neben dem Kreuz steigen. Sie machte sich ganz lang und schaffte es mit ihren schmalen Fingern gerade noch, den Kranz abzulegen.

Im gleichen Augenblick blieb ein junger stämmiger Wanderer vor ihr stehen.

„Was machst du da? So ein hübsches Mädchen soll nicht auf so einen großen Stein steigen."

Da hüpfte das Mädchen hinunter und stellte sich neben den Wanderer hin, blickte stolz auf das Kreuz, auf ihren Blumenschmuck. „Schön, nicht wahr?", meinte sie.

Verblüfft fragte der Mann: „Was soll denn da schön sein? Da hängt ein toter Mann. Und das findest du schön?"

Das Mädchen kicherte. „Der Mann ist schon lange tot. Ich habe ihm einen Kranz aus Blumen auf den Kopf gelegt. Der ist doch viel schöner als der Dornenkranz."

Gesagt, und schon lief das Mädchen in die Wiese hinein, um weitere Blumen zu pflücken.

Der Wanderer war sprachlos und zugleich ärgerte er sich über die Ehrfurcht des Mädchens, ihre kindliche Freude. Der Mann mochte den Gekreuzigten nicht. Verständlich, denn der Wanderer war niemand anderes als der Teufel höchstpersönlich.

Er dachte nach und hatte eine Idee, eine sehr böse und gemeine. Da die Blumen so beliebt waren bei den Menschen, wollte er sie allesamt vergiften und damit auch viele Menschen, die unvorsichtig beim Pflücken wären und nach dem Tode ihm gehören würden. So besuchte er jede Blume, sprach mit ihr und sah in ihren Blütenkelch. Er warf seinen giftigen Blick hinein, den hasserfüllten, den tödlichen. Nicht lange und das Gift würde die Pflanze ganz durchdringen, würde Besitz von ihr nehmen.

Doch der liebe Gott bemerkte das und wollte es nicht zulassen. So schickte er seine Engel auf die Erde, die mit ihren großen Flügeln einen kräftigen Wind erzeugten. Mit der Kraft dieses Windstoßes konnten die Blumen ihre Köpfe senken, damit der giftige Blick nach unten auf die Erde gleiten konnte. So versickerte er, ohne Schaden zu verursachen. Viele Blütenköpfe richteten sich wieder erleichtert auf und blickten dankend nach oben, zum Himmel.

Foto: duvduv/shutterstock.com

Doch nicht alle konnten gerettet werden. Bei einigen Blumen kam die Hilfe der Engel zu spät und andere waren tatsächlich zu stolz, um die Hilfe anzunehmen. Was konnte ihnen das Gift schon anhaben? Vielleicht waren sie aber auch Freunde des Teufels und wollten nicht gepflückt oder von anderen Wesen als Futter oder Schmuck verwendet werden.

So eine Pflanze war auch der Blaue Eisenhut. Giftig bis heute. Gefährlich. Tödlich. Doch wunderschön anzusehen mit seinem Blütenhelm. Seither gibt es giftige und ungiftige Blumen.

TIPP VON KARL PLOBERGER

„Ist das giftig?“, ist wohl eine der häufigsten Gartenfragen, die so im Laufe eines Gartenjahres bei mir eintrudeln. Es gibt in der Natur und damit im Garten sehr giftige Pflanzen. Der Eisenhut zählt dazu, genauso wie die Herbstzeitlose und auch Eibe, Liguster oder Efeu. Doch keine Angst. Die Pflanzen „verströmen“ kein Gift, geben auch kein Gift über die Wurzeln an andere Pflanzen (z. B. an Beeren) ab. Ja sogar nach einem Jahr im Kompost ist nichts mehr vom Gift in der Erde. So macht es die Natur – Sondermüll gibt es hier keinen.

Wie der Schnee und das Schneeglöckchen Freunde geworden sind

Wir ihr schon erfahren habt, hat der liebe Gott die Pflanzen erschaffen. Die Blumen, das Gras, die Kräuter, die Sträucher, die Bäume und vieles mehr. Für die kalte Jahreszeit wollte er etwas besonders Schönes. Etwas ganz Kleines und doch Mächtiges. So formte er den Schneekristall, das Schneeflöckchen. Und es gelang ihm sehr gut. Seine Farbe sollte sich das Schneeflöckchen aber selbst aussuchen. Es war zu kurz auf der Welt, um zu wissen, wie wichtig eine Farbe ist, und fragte deshalb das Gras, ob es seine Farbe nehmen darf.

„Nein, meine grüne Farbe bekommst du nicht. Denn dann kann man uns ja nicht mehr auseinanderhalten." Das Gras wiegte sich im Winde hin und her, so wie ein grünes Meer.

Nun hatte das Schneeflöckchen die grüne Farbe kennengelernt. Es flog zur Rose, betrachtete sie lange. Schließlich bat sie diese um ihre Farbe.

„Nein, meine rote Farbe bekommst du nicht. Ich will allein ein schönes rotes Kleid tragen." Die Rose drehte sich im Sonnenlicht herum. Sie kam sich dabei so gut und wunderschön vor. Schön war sie ja auch. Darum hätte dem Schneeflöckchen das Rot gut gefallen.

Und das Duftveilchen meinte: „Nein, meine violette Farbe bekommst du nicht. Vielleicht gefällt sie dir so gut und du möchtest schließlich auch noch meinen herrlichen Duft haben. Nein, zieh weiter!"

So lernte das Schneeflöckchen die vielen Blumen und Farben kennen. Da erblickte es die große schöne Sonnenblume. Die Farbe ihrer Blätter leuchtete wie die Sonne am Himmel. So wollte das Schneeflöckchen aussehen.

„Nein, meine Farbe bekommst du nicht. Ich habe sie von der Sonne bekommen. Denkst du, ich gebe sie so einfach weiter? Ich bin ein Sonnenkind und nicht wie du!"

Die Sonnenblume drehte den Kopf und blickte der Sonne entgegen.

Traurig sank das Schneeflöckchen zu Boden und legte sich auf die Blüte einer kleinen unscheinbaren Pflanze. Es war das Schneeglöckchen, das nun eine sanfte Last auf seinem Glöckchen spürte. „Was ist mit dir? Ich fühle, du bist traurig. Hättest du ein Köpfchen, so würde es herunterhängen wie meine Blüte."

Foto: MEDIAIMAG/shutterstock.com

„Du bist eine nette Blume. Vielleicht verstehst du den Grund meiner Traurigkeit. Ich bin auf der Suche nach einer Farbe, doch keine Blume wollte mir ihre geben. So muss ich wohl farblos bleiben. Unsichtbar vom Himmel fallen."

„Du kannst mein Weiß gerne haben, wenn es dir gefällt. Auf mich sehen auch viele Blumen achtlos herab, darum lasse ich meine Blüten nach unten hängen."

Das Schneeflöckchen war überaus erfreut, nahm sogleich die weiße Farbe an und fand sich wunderschön. Die Blume und die Schneeflocke wurden Freunde. Auf alle Ewigkeit. Denn wahre Freundschaft kann nichts trennen.

Im Winter bedeckt der Schnee all die Pflanzen, die ihm seine Farbe verweigert haben. Die ihn verspottet und verachtet haben. Er spannt seinen weißen Teppich weit über die Wiesen und Wälder. Und lässt niemanden heraus, bis seine Jahreszeit vorbeigegangen ist.

Aber wenn das Schneeglöckchen aufwacht, sich unter der Erde bewegt und seine Blätter vorsichtig aus dem Erdreich schiebt, dann macht der Schnee Platz für die freundliche Blume. Er schmilzt ein wenig für seine Freundin und gibt ihr dadurch Feuchtigkeit. Er lässt sie wachsen und beschützt sie.

Denn: Der beste Weg, einen Freund zu haben, ist der, selbst einer zu sein.

WISSENSWERTES

Das Schneeglöckchen hat regional ganz unterschiedliche Namen und wird auch als Frühlingsglöckchen, Hübsches Februar-Mädchen, Lichtmess-Glöckchen, Märzglöckchen, Märzveilchen, Marienkerzen, Milchblume, Schnee-Durchstecher, Schneetulpe, Weiße Jungfrau und Weißglatze bezeichnet. Botanisch heißt es überall auf der Welt Galanthus nivalis. Durch umfangreiche Züchtungsmaßnahmen gibt es weltweit unzählige Sorten dieser Frühlingspflanze, die nicht nur schön, sondern auch heilkräftig ist. Der enthaltene Wirkstoff Galantamin wird als Mittel gegen Demenz und Alzheimer eingesetzt, obwohl Teile der Pflanze giftig sind.

KUNST

Auch in der Kunst steht das Schneeglöckchen Modell. Ein sehr schönes Gemälde von einem Schneeglöckchen pflückenden Mädchen gibt es von dem englischen Maler Myels Birket Foster (1825–1899).

MUSIK

Johann Strauß (1825–1899) hat einen fröhlichen Schneeglöckchen-Walzer komponiert. Robert Schumann (1810–1856) und Robert Stolz (1880–1975) haben jeweils ein Schneeglöckchenlied verfasst und von Tschaikowsky gibt es ein Charakterstück für Klavier. Berühmt wurde der Schlager in den 1970er-Jahren, „Schneeglöckchen im Februar", unter anderem gesungen von dem Kinderstar Heintje.

TIPP VON KARL PLOBERGER

Bei einigen löst die Schneeglöckchenblüte ein beinahe unstillbares Verlangen aus: Sie sind galanthophil – schneeglöckchensüchtig. Gut 3000 Sorten soll es bereits geben, einige davon sind echte Kostbarkeiten. Geteilt werden die Schneeglöckchen am besten gleich nach der Blüte. Stehen sie nämlich zu dicht in Büscheln, lässt die Blüte nach. Idealer Standort ist unter einer Wildsträucherhecke, wo das Licht im Sommer bis zum Boden gelangt und das Laub Schatten spendet.

Das Schneeglöckchen

Der Frühling will kommen,
der Winter ist aus.
Schneeglöckchen läuten:
Heraus, heraus!
Heraus, ihr Schäfer in Flur und Heid´,
es ist nicht mehr länger Schlafenszeit.
Ihr Sänger hervor aus Feld und Wald,
ihr Veilchen erwachet und duftet bald.

Georg Scheurlin (1802–1872)

Foto: Ljubomir Trigubishyn/shutterstock.com

Wie die Maiglöckchen in den Wald kamen

Viele Menschen glauben fest daran, dass ein Gott die Welt erschaffen hat. Unsere Welt ist so schön, dass es nur ein lieber Gott gewesen sein kann, einer, der die Natur liebte und vor allem die unzähligen Blumen.

Bei der Erschaffung war der liebe Gott umgeben von all seinen Blumen. Wir wissen nicht, ob er gestanden oder gesessen ist. Wir wissen auch nicht, wo das genau war. Es ist auch nicht wichtig. Wichtig ist, dass er jede Blume gefragt hat, wo sie ihr Erdendasein verbringen wolle. Engel haben sie sogleich an die gewünschte Stelle gebracht und dort eingepflanzt. Eine Blume wollte in die Berge, eine andere ins Tal, die eine wollte es trocken haben, die andere liebte es feucht und wollte in die Sümpfe. So ging es, bis alle Blumen verteilt waren.

Wir Menschen waren noch nicht an der Reihe. Und so konnte es niemandem auffallen, dass fast alle Blumen auf einer Wiese oder unter freiem Himmel waren. In den Wald wollten nur ganz wenige Blumen hinein. Es war ihnen zu finster und zu düster. Sie konnten dort ihre Blütenköpfe nicht mehr der Sonne zuwenden. Und das lieben die Blumen.

Für die Bäume des Waldes war es anfangs nicht wesentlich. Sie waren ja selbst neu. Sie mussten sich so wie die Blumen und alle Lebewesen auf der Erde zurechtfinden.

Der liebe Gott hatte auch die verschiedenen Jahreszeiten erfunden, den Sommer, den Herbst, den Winter und den Frühling. Und diese vier Jahreszeiten beeinflussen alles, was sich auf der Erde befindet. Auch den Wald. Im ersten Frühling, der über die Erde zog, blinzelten die Blumen der Sonne entgegen. Es leuchtete bunt auf den Wiesen, eine wunderbare Farbenpracht war zu sehen und Gerüche schwebten durch die Lüfte. Betörende Düfte.

Alle und alles fühlten sich wohl. Fast. Nur der Wald war traurig, denn hier gab es kaum wohlriechende Düfte. Es wuchsen die geruchlosen Anemonen und Himmelsschlüssel, die auf ihre Art ja auch schön waren. Doch etwas Duftendes fehlte zwischen den Bäumen. Selbst die vielen Vögel und Insekten schwärmten aus und erfreuten sich an der Pracht auf den Wiesen.

Und so sprachen die Bäume zu den vielen Blumen: „Ihr wunderschönen Blumenkinder. Wir hätten eine große Freude, wenn jemand von euch zu uns in den Wald ziehen würde. Wir möchten es auch bunt und wohlriechend haben. Dann würden sich alle Tiere bei euch und bei uns wohlfühlen. Wir wären nicht mehr so allein."

Viele Bäume begannen sogar zu weinen. Tropfen fielen von den Blättern und benetzten die Blumen am Waldesrand. Da Blumen, wie alle anderen Lebewesen auch, Wasser benötigen, störte sie das ganz und gar nicht. Eine Baumträne fiel auf ein Maiglöckchen, genau auf einen weißen Kelch. Die Blume hatte etwas für die Bitte des Waldes übrig und rief über die Wiese: „Freunde, wer will mit mir in den Wald ziehen? Die Bäume tun mir so leid. Und sie sind so freundlich. Da kann es im Wald gar nicht so schlimm und dunkel sein."

Foto: Lusine/shutterstock.com

Keine andere Blume wollte mit dem Maiglöckchen mitkommen. Sie wollten lieber in der Sonne stehen und vom Leben im Wald nichts wissen. Das Maiglöckchen zog vorsichtig seine tief gehenden Wurzeln aus der Erde. Es bewegte sich zwischen den Bäumen und fand ein schönes Plätzchen, eines, wo die Sonne hereinschauen konnte. Dort versenkte es seine Wurzeln in den Waldboden. Und es fand, dass auch der Wald gut riechen konnte. Die vielen anderen Maiglöckchen kamen ihm nach. Bald darauf war der Boden zwischen den verschiedenen Bäumen von den kleinen Kelchen der Maiglöckchen erleuchtet. Sanfter süßlicher Wohlgeruch breitete sich aus. Vögel, Schmetterlinge, Käfer und anderes Getier kamen wieder zurück. Der Wald war nun glücklich und zufrieden.

Als der liebe Gott den Menschen erschaffen hatte, erschraken viele Pflanzen. Genauso wie die Bäume am Waldesrand konnten sie sehen, wie einige dieser neuen Lebewesen die Blumen auf den Wiesen einfach abpflückten. Nun halfen die Bäume den Maiglöckchen. Jeder Baum breitete zum Schutz seine Zweige weit über die duftenden Blütenteppiche aus, damit niemand sie finden und entreißen konnte. Und das ist heute noch so. Der Wald beschützt seine Lieblingsblume. Und jedes Frühjahr bedankt sich das Maiglöckchen mit seinen weißen Glöckchen dafür, deren Geläut nur die Bäume hören können, wenn die Blüten vom sanften Wind gestreichelt werden – und mit dem herrlich süßlichen Duft, der sich vom Boden des Waldes ausbreitet.

WISSENSWERTES

Aprilenglöckli, Maiblümchen, Marienglöckchen, Schneetropfen, Papoischle wird das Maiglöckchen liebevoll genannt. Besonders schön klingt die englische Bezeichnung: Lily of the Valley, zu Deutsch: Lilie aus dem Tal. Botaniker kennen die Pflanze unter dem Namen Convallaria majalis.

Das Maiglöckchen blüht von März bis Juni. Obwohl es keinen Nektar für die Bienen bieten kann, wird es trotzdem hauptsächlich von ihnen bestäubt. Da das Maiglöckchen giftig ist, sollten die Blätter nicht mit dem ähnlich aussehenden Bärlauch verwechselt werden.

KUNST

So unscheinbar und zart dieses Blümchen ist, so selten war es in der bildenden Kunst Hauptmotiv, als schmückendes Utensil war es jedoch beliebt. Nikolaus Kopernikus wurde im 16. Jahrhundert mit einem Maiglöckchen in der Hand von Tobias Stimmer abgebildet. Vincent van Gogh hat Dr. Paul Gachet ebenfalls so gemalt, und auf vielen anderen Blumenbildern ist diese Pflanze zu finden, wenn man sie nur sucht.

MYSTISCHES MAIGLÖCKCHEN

Bei einer Hochzeit im Mai trägt die Braut einen Brautstrauß, in dem Maiglöckchen mit eingebunden sind. Das beschert viel Liebe und Glück.

Wer früher etwas von Hexenkunst verstand und dem Bauern die Kühe und die Milch verhexen wollte, legte ein Maiglöckchen unter die Schwelle des Kuhstalls.

Wenn der Bauer vor Georgi Maiglöckchen sieht, die im Kelch rote Streifen aufweisen, so wird die Ernte viel Arbeit machen und kaum Nutzen bringen.

Wenn die Maiglöckchen blühn

Nun in der schönen Frühlingszeit,
da singt und klingt es weit und breit,
Maiglöckchen blühn im Walde.
Es jauchzt im Busch die Nachtigall
und überall mit süßem Schall
die Lerchen ob der Halde.
Und da nun alles tönt und klingt
und Gott im Himmel Lieder singt,
nimmt Hänschen die Trompete,
und Fritzchen steht in guter Ruh,
er singt und schlägt den Takt dazu,
und mächtig kräht die Grete.
Der liebe Gott im Himmel spricht:
„Zwar allzu lieblich klingt es nicht,
doch will ich darauf nicht sehen!
Ein jeder machts, so gut er kann,
und hört es sich auch mäßig an,
ich kann es doch verstehen!"

Heinrich Seidel (1842–1906)

Foto: svf74/shutterstock.com

MUSIK

Neben verschiedenen Stücken aus der Volksmusik, egal ob Maiglöckchen-Polka oder -Walzer, gibt es einen schönen Countrysong von Jimmie Davis aus den 50er-Jahren. Der Song „Lily of the Valley" wurde oftmals interpretiert, von Gospel bis Jazz und Blues. Hörtipp: die Blues-Version von George Lewis.

POESIE

Ein schönes Gedicht über den Frühlingsbeginn hat der Berliner Ingenieur und Schriftsteller Heinrich Seidel (1842–1906) verfasst. Er war viel auf Reisen und hat oft Pflanzensamen von fremden Orten mit nach Hause gebracht und in Berlin eingepflanzt. Manche dieser Pflanzen wachsen noch heute in dieser großen deutschen Stadt.

TIPP VON KARL PLOBERGER

Ist es der Duft? Sind es die einzelnen zarten Blüten oder doch die imposanten Blütenteppiche, die die Maiglöckchen bilden? Für mich ist es von allem ein wenig. Auch wenn der Ausbreitungsdrang da und dort lästig wird – wenn die Blüten erscheinen, dann ist alles eitel Wonne. Von den Maiglöckchen gibt es viele Sorten, auch rosa blühende Exemplare und solche mit gefüllten Blüten oder mit gestreiften Blütenblättern. Sie alle haben eines gemeinsam: Sie lieben einen halbschattigen Platz auf einem nicht zu trockenen Boden. Wird ihnen der beschert, dann gibt es viele Blüten – Jahr für Jahr. Wird zu viel gedüngt, gibt es viele Blätter und kaum Blüten. Daher: Nur ein wenig Kompost im Herbst aufstreuen, und der Duft ist wieder gesichert.

Wie die Sternblume auf die Erde kam

So wie auf der Erde gibt es auch im Himmel Wiesen und Blumen. Die himmlischen Blumen leuchten so wunderbar silbern und golden, dass wir es uns auf der Erde gar nicht vorstellen können.

Auf so einer Himmelswiese dürfen meist die kleinen Engel spielen. Kleine Engel sind oft so wie kleine Menschen, fröhlich, verspielt und selbstvergessen. Ein großer Engel, der der Schutzengel für die kleinen Engel war, öffnete einst die Himmelspforte und ließ die Engelchen auf die Wiese hinaus. Er musste zwar auf sie aufpassen, aber was sollte hier vor der Himmelstür schon passieren? Er setzte sich vor die Tür und schlief mit einem sanften Lächeln auf den Lippen ein. Die kleinen Engel hüpften, flogen und spielten herum, dass es eine Freude war. Und dennoch ging alles ganz leise zu, denn Engel sind nicht laut. Eines von den Engelchen kam an den Rand der Himmelswiese und entdeckte, dass es dahinter steil nach unten ging. Es beugte sich weit vor und konnte viel entdecken. Es sah eine grüne Wiese, auf der Menschenkinder spielten. Das war die Erde. Und ein ganzes Stück weiter unten schimmerte etwas Rötliches. Da waren kleine Gestalten zu sehen, die genauso herumsprangen wie die Kinder auf der Erde und die Engel auf der Himmelswiese.

„Hallo, wer seid ihr?“, rief der Engel leise hinab. Diese leisen Worte flogen ganz nach unten, an den Menschenkindern vorbei, dorthin, wo es lauter war als auf der Erde und auf der Himmelswiese. Kleine Teufel spielten dort auf der Teufelswiese. Denn wenn es etwas im Himmel gab, so gab es dies auch in der Hölle.

Kurz darauf hatten sich die kleinen Teufel versammelt und blickten nach oben, wo nun auch mehrere Engelchen nach unten starrten.

„Wir sind die kleinen Teufel. Wir würden gern zu euch hinaufkommen. Wir möchten uns einmal auf der Himmelswiese umsehen. Wir haben gehört, dass es dort wunderschön sein soll. Und wenn ihr wollt, so dürft ihr später mal zu uns herunterkommen. Bei uns ist es richtig lustig!“

Die kleinen Engel fanden die Idee sehr gut. Sie blickten sich um. Neben dem schlafenden Schutzengel lag die fast durchsichtige Himmelsleiter. Sie trugen sie vorsichtig zum Abgrund und ließen sie in die Tiefe hinunter, bis sie am Höllenboden stand. Die Himmelsleiter macht sich nämlich selbst so lang, wie es nötig ist. Sogleich stiegen die Teufel die Leiter hinauf.

Sie staunten nicht schlecht, als sie die Himmelswiese betraten. Wie weich der Boden war! Wie leicht sie sich hier fühlten, fast schwerelos! Vorsichtig setzten sie einen Fuß vor den anderen. Manche von ihnen nahmen sogar ihren Teufelsschwanz in die Hände, um ja keine Blume umzuknicken. Die kleinen Engel fanden das lustig, flatterten aufgeregt mit den Flügeln und klatschten in die Hände. Es dauerte aber nicht lange, und die kleinen Teufel fühlten sich auch auf der Himmelswiese sicher. Bald sprangen und tobten sie herum, wie sie es in der Hölle gewohnt waren. Besonders gut gefielen ihnen die silbernen Sternblumen. Büschelweise rissen die roten Besucher die Pflanzen aus und warfen sie auf die Erde hinab. Sie sahen zu, wie die Blumen hinunterschwebten, und lachten dabei laut. Alles, was sie taten, war laut, denn kleine Teufel können nicht leise sein.

Foto: new person/shutterstock.com

Der Schutzengel wurde durch das Toben wach und sah zwischen seinen weißen Engelchen die roten Teufelchen. Das war doch unmöglich. Das konnte nicht sein. Hätte er schreien können, so hätte er die Teufel angeschrien, dass sie das nicht tun dürften und sich schnellstens wieder in die Hölle begeben sollten. Aber so erhob er sich, flog auf sie zu, sammelte sie ein und warf sie in die Hölle hinunter. So schnell konnten die Teufel gar nicht schauen, wie sie sich wieder auf der Teufelswiese befanden, und die Himmelsleiter war auch schon weg.

Ob die kleinen Engel hinter der Himmelspforte bestraft wurden und ob es jemals den Besuch der Engelchen in der Hölle gegeben hat, wissen wir nicht. Dafür sind uns aber die Sternblumen, die auf die Erde gefallen sind, erhalten geblieben. Sie haben in der Erde Wurzeln geschlagen und haben sich vermehrt und vermehrt. Ihren himmlischen Silberglanz haben sie auf der Erde verloren. Aber da sie noch immer Himmelsblumen sind, können sie uns Fragen mit Ja oder Nein beantworten. Ihr müsst nur vorsichtig ihre weißen Blütenblättchen abzupfen. Verliebte Menschen machen sich ein Spiel daraus und fragen abzupfend: „Er liebt mich, er liebt mich nicht“, oder: „Sie liebt mich, sie liebt mich nicht.“

Wisst ihr nun, welche Blume das ist?

In alten Zeiten wurde sie Maßliebchen genannt und heute sie ist als Gänseblümchen bekannt.

WISSENSWERTES

Im Volksmund hat das Gänseblümchen, das botanisch Bellis perennis heißt, viele Namen, z. B. Augenblümchen, Maßliebchen, Tausendschön, Monatsröserl.

Der Pflanzenname stammt aus dem 16. Jahrhundert und geht zurück auf das mittelhochdeutsche Wort gensebluome, das zunächst als Bezeichnung für die weiße Glockenblume galt. Es wurde später auf die margeritenähnliche Blume übertragen, wahrscheinlich, weil die Blütenblätter weiß wie die Federn der Gans sind.

KUNST

Der berühmte Maler Vincent van Gogh (1853–1890) hat kurz vor seinem Tod ein Bild mit dem Titel „Vase mit Gänseblümchen und Mohnblumen" gemalt. Dieses Stillleben wurde im Jahr 2014 für 49 Millionen Euro versteigert. So teuer können Blumen werden! Gänseblümchen sind auch in der christlichen Symbolik bekannt und auf vielen christlichen Gemälden zu sehen. Die Blütenblätter stehen nämlich für die Reinheit Marias, und als Staude ist die Pflanze ein Zeichen für die Unvergänglichkeit.

HEILKRAFT ODER ABERGLAUBE?

Wer die ersten drei Gänseblümchen, die im Frühjahr aus der Wiese wachsen, verspeist, der wird das ganze Jahr über von Zahnschmerzen, Augenbeschwerden und Fieber verschont.

Wer getrocknete Gänseblümchen bei sich trägt, die am 24. Juni, dem Johannistag, gepflückt wurden, dem gelingt jede wichtige Arbeit.

Junge Frauen rupfen die Blütenblätter aus, werfen sie in die Luft und fangen sie mit dem Handrücken auf. So viele Blätter auf dem Handrücken liegen, so viele Kinder werden sie bekommen.

Wer die Maßliebchenblüten auszupft und ins Wasser wirft, der findet etwas.

Illustration: Peter Paul Kohlhaas

MUSIK

Volkslieder wie „Gänseblümchen und Schmetterling" von Leo Lehner und der alte Schlager von Red Raymond, „Wenn die Gänseblümchen blühen", sind wahrscheinlich für viele Menschen Ideengeber gewesen, wie auch Patrick Lindners 1991 erschienener Schlager „Gänseblümchen weinen nicht". 1981 hat sogar Band United Balls einen „Gänseblümchensong" geschrieben. Für die Kleinen gibt es ein nettes Kinderlied von Stephen Jenetzko: „Ich gieße jedes Gänseblümchen".

SPIELEN UND BASTELN

Frag Ja oder Nein – und zupfe dabei die über 100 Blütenblätter ab. Das letzte Blatt beantwortet deine Frage, ob Ja oder Nein. Du kannst es nie im Vorhinein wissen, wie viele Blütenblätter diese Blume tatsächlich hat. Beliebt bei Mädchen ist der Gänseblümchen-Haarkranz.

POESIE

In einem alten Buch, das schon über 200 Jahre alt ist, fand ich ein über 300 Jahre altes Gedicht, das aus dem Englischen übersetzt wurde. Die ersten zwei Strophen berichten von einem verliebten Mädchen:

Die Wiese

Ich ging einst einen Frühlingstag,
wo alles schön und lustig lag.
Kam an ein einsam Sommerhaus.
Ein liebes Mädchen trat heraus
Und weint und ging und sang betrübt:
„Ach, wer hat je, wie ich, geliebt!"
Sie ging die Wiese still umher
und rang die Hände und seufzte schwer.
Dann pflückte sie ein Blümchen ab,
wie's hier und da die Wiese gab,
Maßliebchen, kleines Vergissmeinnicht,
und seufzte:
„Ach, er liebt mich nicht!"

Foto: Creative Travel Projects/shutterstock.com

TIPP VON KARL PLOBERGER

Wohl keine Pflanze polarisiert die Gartenbesitzer – oder besser Rasenbesitzer – mehr als dieses liebliche Blümchen. Gänseblümchen erobern Rasenflächen im Nu, wenn man den Rasen falsch pflegt. Kurz gemäht und wenig gedüngt – dann entsteht ein Paradies für die von mir so geliebten Pflanzen. Wer bewusst Gänseblümchen aussäen will, der macht das im Juni. Das Saatgut bekommt man dort, wo es auch Blumenwiesensamen gibt. Es wird ausgestreut und gleichmäßig feucht gehalten, dann wird der Rasen im kommenden Jahr schon zu einem blühenden Riesenbeet aus Gänseblümchen.

Wie die Wegwarte erschaffen wurde

Es geschah zu einer Zeit, als der liebe Gott manchmal die Erde besuchte. Damals machte es ihm Spaß, in Menschengestalt herumzuwandern. Einmal war er schon lange unterwegs und hatte großen Durst. Er kam zu einem kleinen Häuschen, das von einer wunderschönen bunten Wiese umgeben war. Im offenen Fenster entdeckte er ein hübsches blauäugiges Mädchen. Es sah ihm gelangweilt entgegen. Der liebe Gott war beim Haus angekommen und sagte: „Schönes Mädchen, kannst du mir bitte einen Becher Wasser geben. Ich habe einen weiten Weg hinter mir. Nun bin ich recht durstig."

Das Mädchen sah ihn mit abschätzigem Blick kurz an. Es bewegte sich kaum und antwortete ihm schroff: „Geh zur Seite! Du verstellst mir die Sicht. Ich warte auf meinen Liebsten und ich will ihn schon von Weitem sehen."

Dabei starrte sie wieder in die Ferne, als ob niemand da wäre. Nochmals bat der liebe Gott mit freundlichen Worten um etwas zu trinken.

Die junge Frau wurde nun ärgerlich. „Ich sagte schon, ich warte auf jemand anders, der bald des Weges kommt. Scher dich weg."

Der göttliche Wanderer nickte, sah traurig zum Himmel und marschierte durstig weiter. Bald darauf hörte er Wasser plätschern. Er entdeckte eine Quelle, aus der er mit der hohlen Hand Wasser schöpfen konnte. Es schmeckte gut und war erfrischend. Er war zufrieden mit all dem, was er geschaffen hatte. Was der Mensch daraus machte, konnte er nicht mehr lenken – so wie das unfreundliche Mädchen. Er konnte sie aber in etwas Netteres verwandeln, denn ab und zu fiel ihm etwas Schönes ein und er erschuf wieder etwas Neues auf dieser Erde. Nichts Großes mehr, denn die wichtigsten Lebewesen und Besonderheiten der Natur gab es ja schon. Gedacht, geschehen! Nach kurzer Wegstrecke fuhr er wieder in den Himmel hinauf.

Nun kam der junge Mann des Weges. Er wollte natürlich zu seinem Schatz, doch der stand nicht wie sonst am Fenster. Von Weitem rief er nach seiner Liebsten. Sie war nirgends zu sehen. So ging er ins Haus hinein, aber da war sie nicht, und auf der Wiese war sie auch nicht zu finden. Bisher hatte sie immer auf ihn

Foto: wiwsphotos/shutterstock.com

gewartet. Da bemerkte er eine kleine blaue Blume, die er vorher noch nie gesehen hatte. Sie wuchs genau unter dem Fenster, aus dem ihm sein Mädchen jedes Mal zuwinkte, wenn er des Weges kam. Er beugte sich zu der Blume hinab, wollte sie riechen, zart berühren. In diesem Moment schloss die Pflanze ihre Blüten und öffnete sie erst wieder am frühen Morgen. Es schien, als sei die Blume sehr traurig. Und das war sie auch wirklich, denn das unfreundliche Mädchen war zu einer Blume geworden mit grünen Blättern und langem Stiel, damit sie Ausschau halten konnte. Das macht sie noch heute. Sie wartet auf alle Ankommenden als Blume am Wegesrand mit blauer Blüte, so blau wie die Augen des Mädchens waren.

Deshalb wird diese Pflanze bis heute Wegwarte genannt.

WISSENSWERTES

Die Wegwarte (Cichorium intybus) hat auch noch andere Namen, z. B. Blaue Distel, Wilder Efendi, Zigeunerkraut und Zichorie. Tatsächlich öffnen sich die Blüten am frühen Morgen und schließen sich wieder am späten Vormittag.

Der frühere Blümchenkaffee wurde ab dem 18. Jahrhundert aus der gerösteten Wurzel der Wegwarte zubereitet.

POESIE

Der Dichter Hermann Löns (1866–1914) hat ein schönes Gedicht über die Wegwarte verfasst, das auch zu der Geschichte passt.

HEILKRAFT ODER ABERGLAUBE?

Wenn eine junge Frau eine Wegwarte unter ihr Kopfkissen legt, erscheint ihr im Traum ihr zukünftiger Ehemann.

Ein Ritter musste diese Blume nach ganz bestimmten Vorgaben ausgraben und sie im Kampf tragen, dann war er unbesiegbar und unverwundbar.

Wem etwas gestohlen wurde, der lege die Wurzel einer Wegwarte unter sein Kopfkissen. Im Traum erscheint der Dieb.

Die Wegwarte ist auch eine Zauberpflanze. Wissende können damit alle Schlösser und Fesseln aufsprengen.

Kenner der Heilkunst können mit dieser Pflanze Eisen und andere Dinge aus Wunden ziehen und diese auch heilen.

Wegwarte

Es steht eine Blume,
Wo der Wind weht den Staub,
Blau ist ihre Blüte,
Aber grau ist ihr Laub.
Ich stand an dem Wege,
Hielt auf meine Hand,
Du hast deine Augen
Von mir abgewandt.
Jetzt stehst du am Wege,
Da wehet der Wind.
Deine Augen, die blauen,
Vom Staub sind sie blind.
Da stehst du und wartest,
Dass ich komme daher,
Wegwarte, Wegwarte,
Du blühst ja nicht mehr.

Hermann Löns (1866–1914)

Foto: AndreyOnTheMove/shutterstock.com

TIPP VON KARL PLOBERGER

Noch heute erinnere ich mich an meine erste Blumenwiese. Damals habe ich den Humus weitgehend entfernt, um einen mageren Boden zu erreichen, und noch ehe ich die ersten Wildblumen säen konnte, kamen schon in großer Zahl Keimlinge. Wie sich zeigte, war es die Wegwarte, die die Wiese nach einigen Wochen in herrliches Blau hüllte. Tag für Tag öffnen sich neue Blüten und bieten Bienen viel Nektar. Der botanische Name Cichorium intybus zeigt die Verwandtschaft zu den Kulturformen: Chicorée, Zuckerhut und Radicchio. Die Bitterstoffe in den Pflanzen sind für uns Menschen nicht nur eine Bereicherung in der Küche, sondern auch ein heilender Genuss.

Woher die gelben Blumen kommen

Der Winter war vergangen und der liebe Gott ließ es auf die Erde regnen, damit die Pflanzen genug Kraft sammeln konnten, um sich aus dem Boden zu strecken. Nach ein paar Tagen meinte er, es wäre genug Wasser auf die Erde gefallen. Er ging daran, mit seinen Engeln alles auf den Frühling vorzubereiten.

Einem besonders kleinen Engel gab er einen Wolllappen und sagte: „Hier, mein kleiner Engel. Die Sonne soll die Erde mit hellen Strahlen erwärmen. Mit diesem Tuch kannst du alle Flecken auf der Sonne abreiben. Sei vorsichtig, dass sie dir nicht hinunterfällt. Und jetzt flieg."

Der kleine Engel war aufgeregt. So eine wichtige Arbeit wurde ihm aufgetragen. Stolz flog er zur Sonne, die damals noch viel kleiner war als heute, und nahm sie in seine Hände. Er hauchte auf die grauen Flecken und rieb sie mit dem Tuch ab. Wenn man eine ganz wichtige und schwierige Aufgabe hat, ist man meistens ein bisschen unruhig. Die Hände des kleinen Engels zitterten. Er bemühte sich, ja alles richtig zu machen. Vorsichtig drehte er die Scheibe um, doch dabei rutschte sie ihm aus den Händen und versank in einer Wolke, so wie ein scharfes Messer in die Butter fährt. Der tollpatschige Engel griff mit seinen Fingern in die Wolke. Die Sonne war nicht mehr da. Sie war mit einem Rutsch auf die Erde gefallen. Da fing der Engel zu weinen an. Er konnte nichts mehr machen. Die Tränen wollten nicht aufhören zu fließen. Das Tuch und die Wolke unter ihm waren schon patschnass. Das Wasser, das die Wolke nicht mehr aufnehmen konnte, floss als Regen zur Erde hinab. Das sah der liebe Gott. Er entdeckte auf einem dunklen Wölkchen den weinenden Engel.

„Was hast du denn gemacht? Du weinst und lässt es dadurch regnen, als ob der Frühling noch weit weg wäre!"

Der Engel schluchzte laut auf. Er musste mehrmals anfangen zu erzählen:

„Ich ... ich ... hab ... ich habe die Sonne geputzt ... wie ... wie ... du mir aufgetragen hast. Und dann ... dann ... ist sie mir ... mir ... einfach aus den Händen gerutscht. Ich ... ich ... wollte das doch nicht. Jetzt ist sie sicher auf die Erde gefallen."

Der liebe Gott strich sanftmütig über die hellen Locken des Engels.

„Ja, jetzt ist sie auf der Erde. Da können wir nichts mehr machen. Was vom Himmel fällt, können wir nicht mehr heraufholen."

Jetzt war der kleine Engel erst recht entsetzt. „Aber ... Aber dann ... dann haben wir keine Sonne mehr. Wie sollen wir den Frühling machen? Lieber Gott, du bist so allmächtig. Kannst du bitte eine neue Sonne machen?"

Der liebe Gott nickte und erschuf sogleich eine neue Sonne. Eine, die man erst gar nicht zu putzen brauchte.

Der kleine Engel freute sich sehr, doch seine Traurigkeit war noch immer nicht ganz verflogen. Obwohl der liebe Gott nie ungeduldig wird, verstand er die Traurigkeit des Engels nicht.

Foto: lucaluk/shutterstock.com

„Lieber Gott! Die Sonne ist ja auf die Erde gefallen. Wenn sie dabei ein Tier oder einen Menschen erschlagen hat, dann bin ich schuld! Das ist nicht zu verzeihen!"

Bevor der Engel erneut in bitterliches Weinen verfiel, nahm ihn Gott an der Hand. Er zog ihn an den Rand der Himmelswiese. Von dort konnten die Engel auf die Erde hinabsehen.

„Sieh hinunter, du kleiner Tollpatsch. Siehst du, was aus der Sonne geworden ist?"

Der Engel erblickte eine Wiese mit vielen gelben Blumen. Das Wind- und Sonnenröschen, die Sonnenblume, den Hahnenfuß, die Schlüsselblume und die Kamille, den Löwenzahn, die Tulpe, die Schwertlilie und viele mehr.

Alle unsere gelben Blumen sind aus den Sonnensplittern entstanden. Niemand ist zu Schaden gekommen. Und damit es den gelben Blumen weiterhin gut geht, wurde dem kleinen Engel eine neue Bestimmung gegeben. Er muss bis heute dafür sorgen, dass die gelben Blumen prächtig wachsen und gedeihen, damit sich die Menschen stets daran erfreuen dürfen. Und wie wir feststellen können, macht der kleine Engel seine Aufgabe sehr, sehr gut.

WISSENSWERTES

Leuchtendes Gelb zeigt Lebensfreude und Sorglosigkeit. Es symbolisiert als Farbe der Sonne dabei auch Energie und Wärme. Deshalb werden gelbe Blumen gern zur Genesung überbracht. Besonders helle Gelbtöne stehen für Weisheit und Erkenntnis.

Foto: Nailia Schwarz

TIPP VON KARL PLOBERGER

Gelbe Blumen

Jede Jahreszeit hat ihre Farbe. Bei mir ist der Frühling gelb – wohin man blickt. Hoch in den Gehölzen blüht die Kornelkirsche mit zartem Gelbgrün, darunter sind die gelben Blüten der Krokusse, und bald danach überziehen Tausende Narzissenblüten die Beete. 'Golden Harvest' ist so eine tolle Narzisse. Ganz wichtig für alle, die diese wühlmausresistente Zwiebel pflanzen: Je früher sie im Herbst gesetzt wird, desto besser, denn dann bilden sich viele Wurzeln. Kommt im Frühjahr dann der Trieb aus der Erde und ist 10 Zentimeter hoch, wird gedüngt – für die gelbe Blüte im kommenden Jahr.

AUS DER Märchen- UND Sagenwelt

Foto: PhotographyByMK/shutterstock.com

Das Vergissmeinnicht

Wer mit dem Schiff von Passau nach Wien die Donau hinunterfährt, kann an den Ufern des Flusses viele Burgen und Ruinen entdecken. In alten Zeiten lebten dort die Burgherren mit ihren Familien, Rittern, Knappen, Bauern und Leibeigenen. Unter den Bewohnern der Burgen gab es natürlich gute und weniger gute Menschen. Mancher Ritter galt als wild und gefährlich und war gefürchtet. Trotzdem konnte auch so einen die Liebe ereilen. Davor war kein Mensch gefeit. Und das ist auch gut so.

Irgendwo an der heute österreichischen Donau spazierte einst ein Ritter mit einem Burgfräulein am Ufer des Flusses entlang. Von welcher Burg das Liebespaar stammte, ist aber nicht bekannt. Die beiden gingen Arm in Arm, denn sie waren sehr verliebt, auch wenn sich das viele von einem Ritter nicht vorstellen können. Die beiden wollten heiraten.

Der Pfad, auf dem sie spazierten, war unwegsam, stellenweise führten wilde Felsen in das strömende Wasser hinein. An so einer Stelle erblickte die junge Frau eine zarte Blume mit vielen kleinen blauen Blüten – eine Pflanze, die sie vorher noch nie gesehen hatte. Das Burgfräulein war eine begeisterte Blumensammlerin. Sie trocknete und presste Blüten, die sie fand. Der Tischler der Burg hatte ihr dafür eine hölzerne Presse gebaut, ähnlich der, die der Kerkermeister in der Folterkammer hatte, nur etwas kleiner und nicht so gefährlich.

Der Ritter bemerkte die leuchtenden Augen seiner Geliebten, als sie das Gewächs erblickte. Er löste sich von ihrem Arm, kletterte auf allen vieren über den Felsen hin zu dem gewünschten Ziel. Er war dabei sehr vorsichtig, griff mit beiden Händen zu Boden und hob behutsam die Blume samt Wurzeln aus dem Erdreich. Geschafft. Seine Geliebte war ihm über den Stein gefolgt. Er drehte sich lächelnd zu ihr um, reichte ihr mit einer Hand die blaue Blume, rutschte aber dabei mit einem Fuß ab. Das Burgfräulein konnte gerade noch die Blume in Empfang nehmen. Da entfernten sich die Hände des Ritters, wurden von einer unsichtbaren Kraft weggezogen. Der Körper des Geliebten fiel vom Felsen ins Wasser, in die tosende Strömung der Donau. Entsetzt blickte sie ihm nach. Rief nach ihm. Doch sein Kopf war nur einmal oder zweimal zu sehen. Selbst wenn der Ritter die Kunst des Schwimmens beherrscht hätte, so hätte er sich aus der Gewalt des Wassers nicht mehr retten können. Kurz bevor er ganz aus ihrer Sicht verschwand, gelang ihm noch ein letzter Zuruf: „Vergiss mein nicht!“

Das waren die letzten Worte, die das Burgfräulein von ihrem geliebten Ritter vernommen hatte.

Tage später wurde der Mann viele Meilen entfernt in einem ruhigeren Nebenarm der Donau gefunden. Er trieb dort im stillen Wasser. Tot. Der Leichnam wurde geborgen und auf die Burg gebracht. Die Geliebte weinte bitterlich und pflanzte die blaue Blume auf sein Grab. Sie gab ihr den Namen „Vergissmeinnicht". Natürlich bekam ein Exemplar dieser berühmten Blume einen besonderen Platz in ihrer Sammlung, ihrem Herbarium, wie auch heute noch eine Sammlung von getrockneten und gepressten Pflanzen genannt wird.

Wohl steh ich an des Baches Rand,
Dem blauen Aug zu gleichen,
Wenn zweie liebend sich die Hand
Zum letzten Abschied reichen.
Aus meiner Farbe Himmelslicht,
Da strahlt wie aus den Blicken
Das eine Wort Vergissmeinnicht,
Mich ewig zu beglücken.

Minna von Strantz (1807–1885)

Foto: Albrus/shutterstock.com

HEILKRAFT ODER ABERGLAUBE?

Das Vergissmeinnicht ist eine Wunderblume, mit der bestimmte Menschen verborgene Reichtümer entdecken und heben können.

In alten Zeiten meinte man, die Blume helfe gegen Bronchitis und Schwindsucht sowie als Linderung bei Augenleiden. Deshalb wurde die Blume von manchen auch „Blauer Augentrost" genannt.

Nach der berühmten Schlacht bei Waterloo 1815, der letzten Schlacht von Napoleon, blühten plötzlich zwischen den erschlagenen Soldaten viele blaue Blümchen auf – das Vergissmeinnicht.

WISSENSWERTES

Im Polyglott-Lexikon der Naturgeschichte aus dem Jahr 1793 ist zu lesen, dass die Menschen damals dem Vergissmeinnicht den Beinamen „Blaue Leuchte“ gegeben hatten, weil die Blüten eine gewisse Strahlkraft haben. In einem Kräuterbuch von 1574 wird das Vergissmeinnicht auch als „Mäuseöhrlein“ bezeichnet.

Weltweit gibt es an die 50 verschiedene Vergissmeinnicht-Arten, deren botanischer Gattungsname Myostis lautet. In vielen anderen Sprachen hat der Name die gleiche Bedeutung wie im Deutschen, und so heißt es im Englischen auch „Forget Me Not“. Durch seine blaue Blüte ist es zum Symbol der Liebe, Freundschaft und Treue geworden.

KUNST

Im Gemälde „Bildnis eines Bräutigams“ des deutschen Malers Jakob Elsner (1460–1517) hält der Bräutigam ein Sträußchen Vergissmeinnicht in der Hand.

MUSIK

Auch das Vergissmeinnicht hat die deutsche Schlagerwelt zu vielen Liedern inspiriert, z. B. Rex Gildo mit „Zwei blaue Vergissmeinnicht“ und den Kinderstar Leila Negra mit „Ein Strauß Vergissmeinnicht“. Die neuere Volksmusik nimmt sich häufiger Blumen an, so gibt es den „Vergissmeinnicht-Walzer“ für Blasmusik von Ernst Mosch.

TIPP VON KARL PLOBERGER

Man könnte fast sagen: einmal Vergissmeinnicht – immer Vergissmeinnicht, denn diese sogenannte zweijährige Pflanze breitet sich durch Aussaat sehr stark aus. Wenn man allerdings zu genau Unkraut zupft, wird so manches Vergissmeinnicht im Kindesalter ausgerissen! Neben dem traditionellen blauen Blümchen gibt es mittlerweile ein „stecklingsvermehrtes“ Vergissmeinnicht, das besonders wuchskräftig ist und extrem lange blüht.

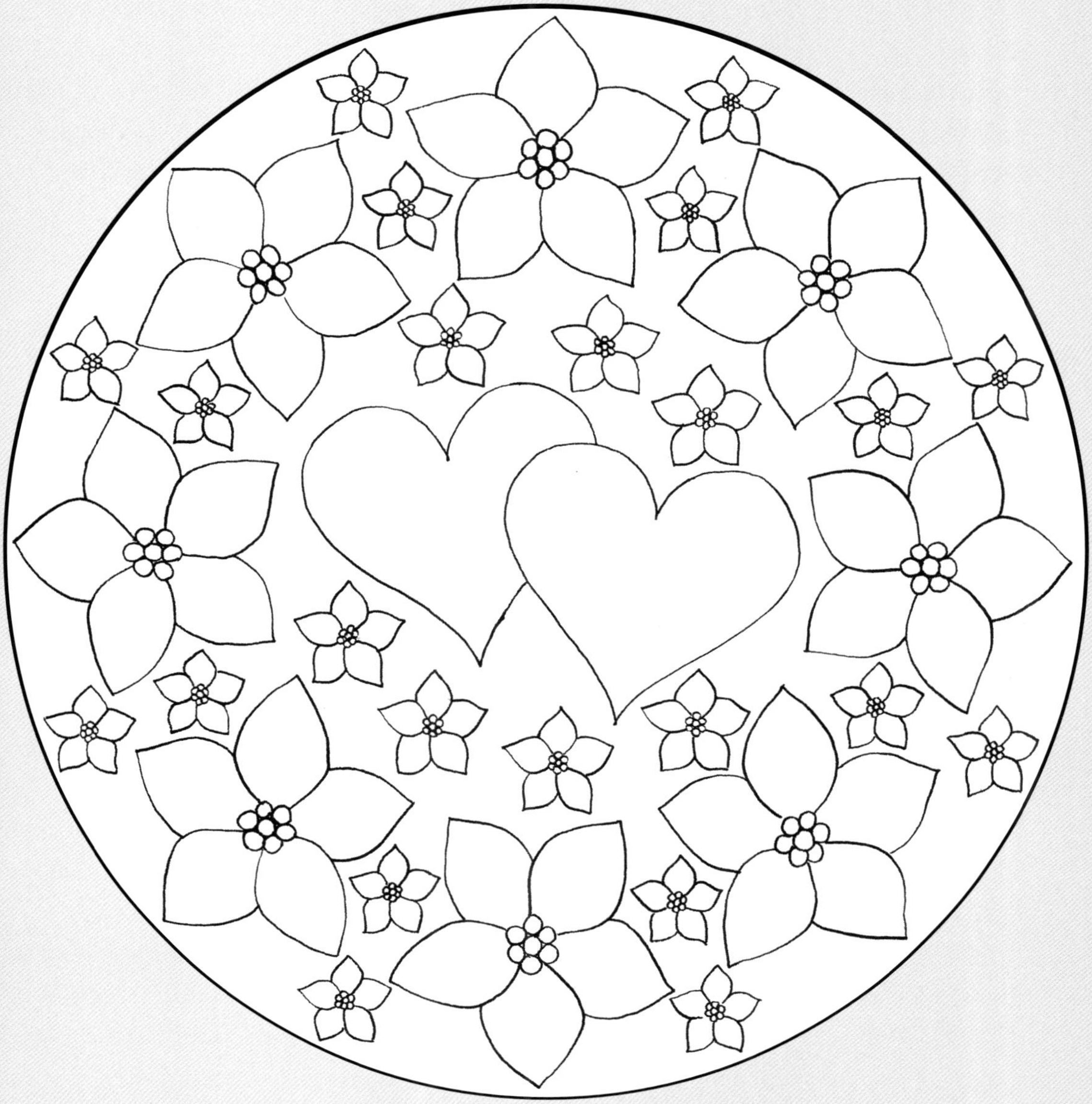

Die Rettung der Alpenblume

Im alten Reich der Blumenwelt gab es, so wie auch bei den Menschen, eine Königin und ihre Untertanen. Die Königin der Blumen war natürlich die Rose. Sie herrschte über alle blühenden Pflanzen und war, wenn nötig, sehr streng, aber gerecht. Bei allen Blumen war sie sehr angesehen und beliebt.

Die Rose war besorgt um das Wohl aller Blumen auf dieser Erde. Obwohl ihr die Schönen und Mächtigen schmeichelten, versuchte sie immer, den Schwächeren beizustehen. Manchmal musste sie sogar rettend eingreifen. Sie reiste an die entlegensten Orte ihres Reiches, um zu sehen, ob alle ihre Untertanen glücklich waren.

Einmal wurde ihr zugetragen, dass das Edelweiß auf den Bergen in großer Not war. Die Königin beschloss, sofort dorthin zu reisen, um an Ort und Stelle zu helfen. Sie erwählte die weiß blühende Gardenie zu ihrer Stellvertreterin. Diese sollte sich während ihrer Abwesenheit um die königlichen Geschäfte kümmern. Die Rose suchte immer eine andere Stellvertreterin aus, damit keine der Blumen im königlichen Palast neidisch auf die andere wurde. Letztes Mal war es das Veilchen, vorher die Seerose und so weiter. Jede erwählte Blume fühlte sich geehrt und gab ihr Bestes. Es war klug von der Rose, es so zu machen.

Die Reise zu den Alpen dauerte lange und war unwegsam und mühsam, obwohl die Rose Hilfe aus der Tierwelt erhalten hatte. Anfangs wurde sie von einer Schwalbe getragen, später flog ein junger Adler mit ihr durch die Lüfte bis hin zu einer Bergwiese. Von oben gesehen leuchteten die Blüten des Edelweißes wie Sterne. Und sie leuchteten auch von der Erde zum Himmel hinauf. Der Adler bot der Rose mit seinen Flügeln Schutz gegen den kalten Bergwind. Sie war die Kälte nicht gewohnt.

Oben angekommen, ließ sich die Rose von dem Problem der weißen Alpenblume berichten. Auf vielen Bergen dieser Welt war das Edelweiß zu Hause, genoss die herrliche kühle Bergluft und gab den Insekten Nahrung. Doch nun war es in Gefahr. Nicht nur die Tiere liebten es nämlich, sondern auch die Menschen. Diese pflückten es in Mengen ab, wo sie es nur fanden, und steckten es auf ihre Hüte oder an die Jacke. Sie verkauften es im Tal an andere Menschen, an solche, die nicht auf die Berge heraufkamen. Und nun war es vom Aussterben bedroht, denn es konnte sich nicht so schnell vermehren und nachwachsen, wie es abgepflückt wurde. Alles braucht eben seine Zeit.

Foto: Real PIX/shutterstock.com

Die Königin der Blumen dachte nach, ließ sich vom jungen Adler um den Berg fliegen. Wieder am Boden, sprach sie zu den sternförmigen Blumenköpfen:

„Ihr blüht auf den Almwiesen und neben den vielen Wegen. Dort, wo euch die Hirten und Wanderer bequem abreißen können. Von nun an sollt ihr an anderen Stellen auf den Bergen wachsen – in unzugänglichen Schluchten, an Felswänden oder steilen Wiesenhängen, wo euch nur ein mutiger Bergfreund pflücken kann. Dadurch kann eure Art erhalten bleiben."

So geschah es. Ab und zu blieb ein Edelweiß aus Faulheit auf den Wiesen stehen, aber nicht lange, denn es wurde schon bald von Wanderern gepflückt.

Die Königin der Blumen schickte einen Boten in die Blumenstadt, um mitzuteilen, dass sie in einer Woche zurückkehren würde. Sie hatte noch vor, eine andere Blume zu besuchen, eine sehr gute Freundin, die sie nur selten sah. Welche Blume das war, weiß heute niemand mehr. Das blieb ein Geheimnis.

WISSENSWERTES

Botanisch heißt das Edelweiß Leontopodium nivale, im Volksmund trägt es verschiedene Namen, z. B. Wollblume, Bauchwehbleamerl, Irlweiß, Almsterndl, Federweiß.

In den Alpenländern steht die schöne Pflanze unter Naturschutz, in Österreich bereits seit 1886. Nichtsdestotrotz versuchten viele Männer, an gefährlichen Stellen eine solche Blume für die Liebste zu pflücken, denn das galt tatsächlich als ein Zeichen von Mut und Kühnheit. So mancher junge Mann fand dabei allerdings den Tod und nicht die Liebe.

Im Ersten Weltkrieg trugen die Soldaten des 14. österreichischen Korps auf Befehl von Erzherzog Josef Ferdinand das Edelweiß als Feldzeichen. Bald waren sie bei ihren Feinden als die „Blumenteufel“ gefürchtet.

KUNST

Der Hof- und Kammerjuwelier des österreichischen Kaiserhauses, Alexander Emanuel Köchert (1824–1879), hat sich wohl vom Edelweiß inspirieren lassen. Für Kaiserin Elisabeth von Österreich-Ungarn (1837–1898), die beliebte Sisi, hat er die mit vielen Brillanten besetzten Sisi-Sterne entworfen, die vor allem durch das Porträt des deutschen Malers Franz Xaver Winterhalter (1805–1873) berühmt wurden. Einer dieser Sterne könnte eine eigene Geschichte erzählen, da er mit filmreifem Einsatz von einem Meisterdieb gestohlen wurde.

MUSIK

Das wohl berühmteste Lied zu dieser Blume kommt aus dem Musical (1959) und Film (1965) „Sound of Music“, komponiert von Richard Rodgers.

Die Volksmusik und Schlagerwelt bediente sich oftmals der Alpenblume, so z. B. Heino und Hansi Hinterseer. Und Skilegende Toni Sailer hat 1965 eine Single mit dem Titel „Am Fudschijama blüht kein Edelweiß“ herausgebracht. 1988 fand das Edelweiß mit „Bring me Edelweiß“ seinen Weg in die Popcharts.

Foto: Nadine Hofer/shutterstock.com

Wagnis und Wonne

So sind bestimmt
des Menschen Lose.
Nur höchstem Mut
wird höchster Preis:
Am Abgrund blüht
die Alpenrose
und hart beim Tod
das Edelweiß.

Felix Dahn (1834–1912)

TIPP VON KARL PLOBERGER

So eindrucksvoll ein Edelweiß in den Bergen ist, so sehr sehnen sich die Blumenfreunde danach, diese Pflanze auch im Garten zu kultivieren. Besonders die Briten sind ganz große „Edelweiß-Fans". Als ich bei einer meiner Gartenreisen Bilder von Edelweiß am Handy zeigte, war die Euphorie groß. So ließ ich von einem der engagiertesten Züchter auf diesem Gebiet, dem Gärtner Alois Handlbauer, gleich ein Dutzend Pflanzen nach England schicken. Und nun wächst dort ein Stück Österreich. Die Vorlieben der Pflanze sind klar: durchlässige, vollsonnige Standorte und kalkhaltige Erde. Und nicht zu viel düngen, dann wird Sie das Edelweiß viele Jahre lang mit immer schöneren Blüten im Garten beglücken.

Die Rückkehr der Blumenkönigin

Wie ihr schon in der Geschichte über die Rettung der Alpenblume gehört habt, war die Königin der Blumen, die Rose, in ihrem Reich unterwegs. Ihre Rückkehr stand kurz bevor.

Die Gardenie freute sich darauf. Sie war als königliche Stellvertreterin eingesetzt worden und hatte gelernt, welche Aufgaben eine Königin zu erledigen hatte. Nicht alles war lustig oder interessant. Oft musste sie sich um ganz unwichtige Dinge kümmern. Die Rose nannte sie nichtige Belange. Das hörte sich lustig an, war aber mühsam und langweilig. Nun war die Gardenie glücklich, ihr Amt wieder der richtigen Königin übergeben zu können. Beim Eintreffen der königlichen Rose wollte die Gardenie ein Fest geben. Am Weg zum Palast sollten sich alle Blumen, die sich in der Blumenstadt aufhielten, versammeln und sich links und rechts des Weges aufstellen, um die Rose gebührend zu empfangen. Es sollte nichts Künstliches oder Falsches zu sehen sein. Jede Blume, die in Blüte stand, sollte in der ersten Reihe ihren Platz einnehmen, dahinter die Blumen, die zu anderen Zeiten blühen. Dafür durften diese ihre saftigen Blätter breit auffächern. Jede Blume verströmte ihren Duft in ihrem Umfeld. Es sollte sich niemand mit Duftwasser parfümieren. Nur das Natürlichste sollte die Königin willkommen heißen.

Eine Blume jedoch hielt sich nicht an die Befehle der Gardenie. Es war eine kleine Blume mit dem Namen Hortensie. Sie wuchs an feuchten und schattigen Stellen und blühte im Spätherbst. Außerdem hatte sie kleine violette oder rötliche Blüten und war vielen anderen Blumenarten neidisch, allen voran der Rose. Sie wollte auch so sein wie sie. Deshalb beschloss die Hortensie, sich mit anderen Blüten zu schmücken, solchen aus Papier, die kunstvoll hergestellt waren. Von Weitem betrachtet, schien sie eine seltene Art der Rose zu sein. Mit diesen falschen Blüten stellte sie sich an den Fuß der Treppe zum Palast, eitel und überheblich. In ihrer Fantasie stellte sie sich vor, dass sie von ihrer Königin geehrt wurde, ja vielleicht sogar geadelt.

Als es so weit war, kamen von allen Seiten die Blumen herbei. Jede andere Pflanze hatte sich an die Anordnung gehalten. Es war eine Augenweide, vom Palast aus über die Wege zu blicken. Eine Pracht war das. Unvergleichlich. Ein Feld der Farben und Düfte. Das hatte es bisher noch nie im Reich der Blumen gegeben. Der Einzug der Königin hatte begonnen, und die Blumen jubelten ihr zu. Die Rose wurde von einem stolzen Pfau

Foto: emer/fotolia.com

getragen, der mit aufgestelltem Rad aus seinen Federn dem Ganzen die königliche Würde verlieh. Die Rose war überglücklich. Sie winkte mit ihren Blättern zu allen Seiten und konnte sich nicht sattsehen an den vielfarbigen Blüten, dem grünen Blätterteppich. Sie ließ sich von dem Pfau zweimal durch das Spalier tragen, damit sie so viele Blumen wie möglich begrüßen und ihnen ihren Dank und ihre Verbundenheit entgegenbringen konnte. Erst nach einigen Stunden war sie an den Stufen zu ihrem Palast angekommen, der gesäumt war von Engelstrompeten.

Das Veilchen empfing die Königin freundlich an der steinernen Treppe und wollte sie zum Palast hinaufgeleiten. Da erblickte die Rose eine seltsame Blume, eine, die ihr noch nie aufgefallen war, die sie nicht kannte.

„Wie ist dein Name, schöne Blume? Woher kommst du?“, fragte die Rose.

„Hortensie heiße ich. Ich komme aus den Wäldern, meine Königin. Ich blühe heute zum ersten Mal nur für Sie.“

Die Rose berührte mit ihren Blättern die kugeligen Blüten, wollte sie sanft streicheln. Sie sahen wirklich ungewöhnlich schön aus. Doch sofort spürte sie, dass da etwas nicht stimmte.

„Aber deine Blüten sind ja aus Papier! Was soll das? Du wagst es, mir mit deinen falschen Blüten aufzuwarten?“

Auch die Gardenie und das Veilchen waren entsetzt, denn das war eindeutig ein Verstoß gegen die Anordnung.

Die Hortensie schämte sich so sehr, dass sich ihre Blüten bläulich färbten. Sie wollte auf der Stelle in das Erdreich zurück, aus dem sie gekommen war.

Foto: Varts/shutterstock.com

Die königliche Rose richtete sich mit ihrem Stiel senkrecht auf. Voller Wut füllten sich ihre Stacheln und Blätter mit dem Blumensaft. Sie wirkte dadurch noch viel schöner, doch alle Pflanzen fürchteten ihren Zorn.

„Hortensie. Du hast dich nicht an die Gesetze des Reiches gehalten. Gesetze, die ausgesprochen und allgemein bekannt waren. Deine Eitelkeit hat das Fest und alle anderen schönen Blumen entehrt. Und dich selbst auch."

Die Rose drehte sich zu den anderen Blumen, die noch immer in Reih und Glied Spalier standen, zu Ehren ihrer Königin.

„Hortensie, du musst bestraft werden. Von nun an sollst du in den verborgenen und schattigen Winkeln der Gärten gedeihen. Deine Blüten sollen in Zukunft immer so aussehen wie heute, als wären sie aus Papier. Deine Blütenballen werden keinen Duft mehr verströmen. Kein Gärtner wird dich in einem Blumenstrauß einbinden. Kein Liebender wird dich seiner Liebenden überreichen. Du wolltest heute eine Paradeblume sein. Und das bleibst du auch weiterhin. Sonst nichts."

Die Rose wandte sich von ihr ab und sprach kein Wort mehr zu ihr. Sie ließ sich von einem blaugrün leuchtenden Kolibri zum Tor ihres Palastes bringen und schenkte ihre Aufmerksamkeit all den anderen Blumen, die in ihrer natürlichen Form und Farbe erschienen waren.

Die Hortensie zog sich beschämt zurück und blieb bis heute ohne Duft. Die papierenen Blüten blieben ihr ebenfalls erhalten, so wie es ihre Königin vorausgesagt hatte.

WISSENSWERTES

Hydrangea macrophylla ist der botanische Name der Hortensie, die auch als Garten-Hortensie, Bauern-Hortensie, Ballen-Hortensie oder Wasserstrauch bezeichnet wird. Lange Zeit galt der Strauch als altmodisch, doch seit einigen Jahren ist er wieder eine sehr beliebte Gartenpflanze geworden. Die Garten-Hortensie entwickelt hauptsächlich große, aber unfruchtbare Scheinblüten, mit weißen, rosafarbenen oder blauen Kelchblättern, und nur wenige unscheinbare kleine fruchtbare Blüten.

Die Gardenie (Gardenia jasminoides) ist eine schöne Kübel- und Zimmerpflanze mit schönen dunkelgrünen Blättern und weißen, mitunter doppelten Blüten. Sowohl die Hortensie als auch die Gardenie bevorzugen einen eher sauren Boden mit niedrigem pH-Wert. Bei der Pflanzung sollte das beachtet werden.

TIPP VON KARL PLOBERGER

Hydrangea, die „Wassersuchende", wie der botanische Name verrät, ist in den letzten Jahren zu einer der beliebtesten Gartenpflanzen geworden. Früher als spießig und „Muttertagsblume" abgetan, ist sie nun in einer enormen Vielfalt auf dem Markt. Bei den Hortensien gibt es drei große Gruppen: diejenigen, die am einjährigen Holz blühen, wie z. B. die Sorte 'Annabelle'; sie werden im Frühjahr stark zurückgeschnitten. Dann die Gruppe der Bauernarten-Hortensie, die so herrlich rot, weiß und kräftig blau blühen. Sie blühen am vorjährigen Trieb, dürfen also nicht geschnitten werden, und nur die alten Blüten und das Abgefrorene werden entfernt. Und als letzte Gruppe die mehrmals blühenden Hortensien, wie z. B. die Sorte 'Endless Summer'. Sie blüht am „alten" und am „neuen" Holz. Das Allerwichtigste ist neben der ausreichenden Wasserversorgung ein halbschattiger Platz und ausreichend organischer Dünger (Rhododendrondünger), dann gibt es Blüten über Blüten.

Die goldene Lilie

In der kleinen Stadt Osterode in Deutschland wohnte einst ein Weber mit seiner Frau. Ein Weber stellte früher Stoffe her. Aus Flachs, Hanf, Seide oder Wolle konnte er wunderbare Textilien weben. Egal ob für Tücher, Kleidung oder Decken, der Weber und seine Frau waren sehr geschickt in ihrem Handwerk. Sie hatten aber nicht viel Geld und auch kein Fuhrwerk, das von Pferden oder Eseln gezogen werden konnte. Deshalb musste der Mann oft zu Fuß weite Wege gehen, um seine Stoffe anzubieten.

Es war an einem Tag vor Ostern, da stopfte er sein Leinen in einen großen selbst gemachten Rucksack und machte sich auf den Weg nach Clausthal zum Markt. Einige Stunden war er unterwegs, bis er seine Stoffe vor den Augen der Marktbesucher ausbreiten konnte. Vor dem Osterfest waren die Leute sehr kauffreudig. Es blieb ihm von seiner Ware so gut wie nichts übrig. Da es schon zu spät war, um noch heimzugehen, verbrachte der Weber die Nacht im Haus eines Schneiders. Er kannte ihn gut, ja, die beiden waren befreundet.

Am frühen Morgen marschierte er dann mit seinem leeren Rucksack wieder nach Hause. Er ging fröhlich über Felder und Wiesen und lief durch Wälder und Dörfer. Er trank aus klaren Bächen und setzte sich an einem schönen Fluss namens Söse ins saftig grüne Gras. Noch ein gutes Stündchen hatte er zu marschieren, dann wäre er zu Hause.

Da erblickte er nicht weit von ihm entfernt eine junge Frau. Sie trug ein weißes Kleid aus kostbarem Stoff, das konnte er erkennen, und ihre Haut schien ebenfalls ganz hell zu sein, so wie die Farbe ihres Gewandes. Sie benetzte mit dem Wasser des Flusses ihre Hände und ihr Gesicht. Neugierig geworden ging der Weber auf sie zu. Er bemerkte eine Blume, die an ihrer Brust befestigt war. Eine so wunderschöne weiße Lilie hatte er selten gesehen. Er liebte Blumen und brachte seiner Frau von seinen Wanderungen oft welche mit nach Hause.

„Erschreckt nicht, schönes Fräulein. Ich will Euch nichts tun. Diese prachtvolle Lilie an Eurer Brust, sie blüht doch nicht vor Ostern. Habt Ihr so einen sonnigen Garten, dass die Blumen in voller Blüte stehen?"

Die Frau richtete sich auf und blickte ihn mit einem Lächeln auf ihren schmalen Lippen freundlich an.

„Wenn Ihr wollt, zeige ich Euch gern meinen Garten. Blumenfreunde sind mir immer willkommen. Kommt mit mir. Es ist nicht weit von hier."

Die Rose, die Lilie, die Taube, die Sonne,
Die liebt' ich einst alle in Liebeswonne.
Ich lieb sie nicht mehr, ich liebe alleine
Die Kleine, die Feine, die Reine, die Eine;
Sie selber, aller Liebe Wonne,
Ist Rose und Lilie und Taube und Sonne.

Heinrich Heine (1797–1856)

Foto: Manfred Ruckszio/shutterstock.com

Sie drehte sich um und ging einfach los, in dieselbe Richtung, die den Weber auch nach Hause führte. Die Frau ging, nein, schwebte fast vor ihm her, und als wären sie doppelt so schnell, standen die beiden plötzlich vor der Burg Osterode. Diese Anlage war nicht mehr bewohnt und bereits zu einer Ruine verkommen. Der Weber kannte sich hier aus. Er war oft allein oder mit seiner Frau hier oben, um die herrliche Stille zu genießen. Er hörte auf die alten verfallenen Mauern, die ihm Geschichten erzählten. Und doch war jetzt in der Vorburg ein großes Tor zu sehen, gerade so, als ob die Burg wieder intakt wäre. Die bleiche Hand der weißen Frau zeigte auf eine kleine Wiese, kaum größer als der Arbeitstisch des Webers zu Hause. Dort blühten drei Lilien mit hellem silbernem Glanz – schöner als jede Blume, die er je erblickt hatte. Die Frau kniete nieder, pflückte vorsichtig eine dieser Pflanzen und reichte sie dem Blumenfreund, dem überraschten Besucher.

„Nehmt sie. Bringt sie nach Hause und haltet sie in Ehren!"

Mit fast zitternden Händen ergriff der Weber die Lilie und blickte verzückt in den Kelch. Aufblickend wollte er der weißen Frau danken, doch war sie nicht mehr da. Das Tor war wie vom Erdboden verschluckt, ebenso das Wiesenstück mit den zwei anderen Lilien. Er war allein in der Burg, doch heute brauchten die Steine ihm keine neuen Geschichten zu erzählen. Dafür hatte er seiner Frau nach seiner Rückkehr etwas Besonderes zu berichten.

Er reichte ihr die Blume, die mit einem Mal zu Gold und Silber geworden war. Die weiße Frau hatte ihm ein Geschenk von unermesslichem Wert gemacht.

Nach den Ostertagen ging der Weber zu einem Goldschmied. Er wollte den Wert seiner Blume wissen. Der Goldschmied betrachtete die Lilie, drehte sie im Licht nach allen Seiten. Er befühlte und begriff sie, klopfte auf ihre Blätter und stellte sie auf eine Waage. Schließlich wandte er sich wieder dem Weber zu.

„Mein lieber Freund. Kein Mensch in dieser Stadt kann dir diese Blume abkaufen. Niemand hat so viel Geld und Reichtum. Niemals zuvor hatte ich so etwas Reines und Wertvolles in meinen Händen. Zeig sie dem Herzog, er ist klug und weiß, was du damit machen kannst."

Der Weber steckte die goldene Lilie in seinen Rucksack. Er wollte auf dem Weg zum Herzog nicht damit gesehen werden. Reichtum zieht Neid und Missgunst an. Viele würden versuchen, ihm das wertvolle Stück zu stehlen, zu entreißen.

Der Herzog und die Herzogin waren ebenfalls Blumenfreunde. Sie staunten nicht schlecht, als der Weber die goldene Lilie präsentierte. Was sollte mit dieser Blume geschehen? Als er seine Geschichte erzählte, leuchteten die Augen des Herzogpaares beim Betrachten der Lilie so sehr, dass der Weber beschloss, sie ihnen zu schenken. Er wollte dafür nur ein Häuschen mit einem Garten, in dem seine Frau Blumen und Gemüse anbauen konnte. Und diesen Wunsch erfüllte der Herzog ihm, dazu noch jedes Jahr etwas Geld, genug, um gut leben zu können.

Der Herzog ließ in sein Wappen drei Lilien setzen. An wichtigen Feiertagen trug die Herzogin die wertvolle Lilie an ihrer Brust, damit alle Menschen sich an ihrer Pracht erfreuen konnten. In dem neuen Garten des Webers pflanzte die Frau neben vielen anderen Blumen auch weiße Lilien an. Doch solche, wie der Weber in der Burg gesehen hatte, wurden seither nie mehr gefunden. Vielleicht musste die schöne Frau als Geist umgehen. Vielleicht hatte sie schlimme Taten aus ihrem irdischen Leben zu büßen. Vielleicht hat sie der freundliche Weber erlöst, der keine Angst vor ihr hatte und ihr Geschenk annahm. Vielleicht ...

WISSENSWERTES

Es gibt an die 115 verschiedene Arten von Liliengewächsen. Eine der berühmtesten ist wohl die Schwertlilie, eine andere die Madonnenlilie, die botanisch Lilium candidum genannt wird.

Bei den Römern galt die Lilie als Zeichen der Hoffnung, deshalb war sie wahrscheinlich auch auf einigen römischen Münzen abgebildet. In den Religionen ist die Madonnenlilie oftmals das Sinnbild der Reinheit und Unschuld. Viele französische Könige trugen Lilien auf ihren Zeptern.

KUNST

Viele Künstler wurden von der Lilie „verführt". Das Aquarell „Studie einer Lilie" von Albrecht Dürer (1471–1528) aus dem Jahr 1526 ist sicher vielen bekannt. Auf sakralen Wand- und Ölgemälden ist der Lilienkelch zu entdecken. Durch ihre schöne Form wurde die Lilie gern auch von Jugendstilmalern verwendet, wie Alphonse Mucha (1860–1939) und Franz von Stuck (1863–1928).

MUSIK

Auch die deutsche Schlagerwelt hat sich der Lilie angenommen. René Caroll hat 1953 Hans Kortners Lied „Es blüht eine weiße Lilie" zum Hit gemacht. „Dichterliebe" heißt ein Liederzyklus von Robert Schumann, der Gedichte von Heinrich Heine (siehe Seite 53) vertont hat, darunter auch das schnelle und kurze Lied, das fast wie ein „Zungenbrecher" anmutet.

TIPP VON KARL PLOBERGER

Madonnenlilien sind mit ihren weißen Blüten und dem wundbaren Duft etwas ganz Besonderes. Lästig können aber die gefräßigen Lilienhähnchen werden, die an den Blättern knabbern. Ihre Larven leben im eigenen Kot. Werden die Kotklümpchen regelmäßig abgesammelt, wachsen in Ihrem Garten lange Zeit herrliche Lilien.

Die Nieswurz zeigt dir den Weg

Es war zu einer Zeit, als es noch keine Skilifte und Seilbahnen auf den Bergen gab. Fabians Tante lebte in einem abgelegenen Tal, in einem Dorf mit wenigen Bauernhöfen. Um sie zu besuchen, nahm die Familie jedes Mal einen ausgetretenen Pfad über den Berg, denn das war der kürzeste Weg.

Im Spätherbst hatte sich Tante Frieda beim Pilzesammeln den linken Fuß gebrochen. Es war nicht sehr schlimm, aber zur Sicherheit trug sie beim Herumgehen eine Schiene aus Holz. Kurz vor Weihnachten humpelte sie aber immer noch und so konnte sie den Weihnachtsabend nicht bei Fabians Familie verbringen. Der Junge machte sich deshalb am 24. Dezember nach dem Mittagessen auf den Weg zu ihr, denn er wollte der Tante zur Weihnacht Brot, Speck und frisch gebackene Kekse bringen. Über zwei Stunden war er unterwegs. Es hatte in den letzten Tagen nicht geschneit und so war der Pfad gut erkennbar. Oberhalb der Baumgrenze hörte der Junge plötzlich einen großen Knall. Er sah, wie sich ein großer Steinbrocken von einem Felsen gelöst hatte. Mit großem Getöse donnerte dieser ins Tal hinab. Fabian war zum Glück weit entfernt davon. Er wusste, dass der Felsbrocken niemanden gefährden konnte. Dort, wo der Stein seine Spur zog, gab es nur unwegsames Gelände. Bald hatte Fabian die höchste Stelle seines Weges erreicht. Nun ging es bergab Richtung Dorf.

Die Tante freute sich sehr über seinen Besuch und die köstlichen Geschenke. Fabian bekam einen Becher warme Milch zu trinken, dann forderte sie ihn auf, sofort wieder zurückzugehen.

„Fabian, du musst gleich wieder nach Hause. Es wird bald schneien. Ich weiß, jetzt liegt kaum Schnee auf dem Berg. Aber bald wird alles dick verschneit sein. Der Jakob, der alte Bauer vom Nebenhof, kann das Wetter immer gut voraussagen."

Sie legte ihm einen Schal um den Hals, schnürte ihn regelrecht ein damit. Obwohl Fabian schon fast zehn Jahre alt war, ließ er es geschehen. Sie wickelte einen selbst gemachten Weihnachtsstollen in ein weißes Leinentuch ein und packte ihn in Fabians Rucksack. Die Tante wusste, wie der Junge den Stollen am liebsten mochte: mit vielen Rosinen. Und so bedankte Fabian sich freudestrahlend. Er mochte Tante Frieda sehr gern, erzählte sie ihm doch immer wieder alte spannende Geschichten. Sie kannte sich

Foto: Dani Vincek/shutterstock.com

gut aus in den Bergen, deshalb nahm er ihre Warnung ernst. Während er mit schnellen Schritten auf den Wald zuging, hörte er noch ihre Stimme:

„Wenn du dich verirrst, halte dich an die Nieswurz!"

Fabian war noch nicht lange unterwegs, als es bereits zu schneien begann. Dicke Flocken legten sich auf seine Wollmütze, auf seine Schultern, auf den Weg. Am höchsten Punkt angekommen, wusste er nicht mehr, ob er richtig war. Der Schneefall war so dicht, dass er den Pfad nicht mal mehr erahnen konnte. Er musste den Wald erreichen. Da würde er sich wieder auskennen. Aber hier, oberhalb der Baumgrenze, irrte er herum.

Plötzlich stand er inmitten von Latschenkiefern. Vor seinen Füßen war ein leises Pfeifen zu hören. Er bückte sich, schob die Äste auseinander und entdeckte ein junges Murmeltier, das eigentlich seinen Winterschlaf halten sollte. Wahrscheinlich war es von dem Felsbruch aufgeschreckt worden. Er hob das Tier vorsichtig auf, öffnete seine Jacke und steckte es hinein. Nun sah nur der Kopf heraus. Fabian konnte außer Schnee gar nichts mehr sehen. Er wusste, dass er umdrehen musste. Er war wahrscheinlich dort, wo der Stein ins Tal gestürzt war.

Mit langsamen Schritten ging er zurück, suchte einen neuen Weg, wo es keinen gab. Der Himmel ließ weiter seine dicken Schneeflocken auf die Erde fallen. Der Junge wusste nicht mehr weiter und hatte große Angst, abzustürzen oder irgendwo zu erfrieren, eingeschneit zu sein. Das Herz des kleinen Murmeltiers pochte an seiner Brust, es gab ihm die Kraft weiterzugehen. Nicht aufzugeben. Er hatte die Verantwortung für das junge Tier übernommen, nun musste er es beschützen. Er stolperte zu einem alleinstehenden Baum, einer Föhre. Da entdeckte er am Boden weiße Blumen, genau die, von der die Tante gesprochen hatte.

„Wenn du dich verirrst, halte dich an die Nieswurz!", hatte sie gesagt. Die Pflanze kennt man auch unter den Namen Schneerose und Christrose. Die Blüten der Nieswurz zeigten alle in eine Richtung. Seltsam. Fabian ging in diese Richtung weiter. Nochmals wiesen ihm weitere Schneerosen den Weg. Die Hände hielt er wärmend vor das Tier unter seiner Jacke. Da stieß er plötzlich gegen etwas Hartes. Es war die Wand einer kleinen Holzhütte. Er konnte sich gar nicht daran erinnern, sie jemals zuvor gesehen zu haben. Erleichtert stellte er fest, dass die Tür nicht versperrt war. Er klopfte an, öffnete dann und ging hinein. Eine kleine Holzbank war da und viel Stroh. Die Kälte hatte hier noch nicht Einzug gehalten. Ein bisschen Licht fiel durch ein kleines Fenster herein. Fabian richtete sich ein Lager inmitten des Strohs her und bettete auch das Murmeltier hinein, das sofort pfeifend unter dem Stroh verschwand. Der Junge setzte sich, zog die Jacke und seine nassen Schuhe aus und deckte sich mit Stroh zu. Ihm war klar, dass er diese Nacht in der Hütte verbringen musste. Morgen sah die Welt wahrscheinlich wieder ganz anders aus. Aus dem Rucksack holte er eine kleine Glasflasche mit Wasser und den Stollen heraus.

„Murmel, komm her. Ich habe Wasser und was zu essen."

Das Tier ließ sich noch nicht sehen. Er hörte nur ein Rascheln im Stroh. Er brach von dem Weihnachtsstollen ein Stück ab, legte sich auf den Rücken und aß. Es dauerte nicht lange und das Murmeltier kletterte ihm auf den Bauch, näherte sich seinem Gesicht, schnupperte und stieß mit seiner Schnauze an Fabians Nase. Kurz war es so, wie es auch die Murmeltiere machen. Sie begrüßen sich, indem sie die Schnauze aneinanderreiben. Der Junge lächelte, gab dem Tier zu fressen und Wasser, das es aus Fabians hohler Hand leckte. Später schliefen beide ein. Das kleine Murmeltier lag auf Fabians Brust und das Stroh hielt sie warm. Es gab ihnen die Sicherheit, ruhig schlafen zu können. Die Nacht, der Schnee und die Kälte konnten ihnen hier nichts anhaben.

Am nächsten Morgen kitzelten Sonnenstrahlen Fabians Wimpern. Er schlug die Augen auf. Das Murmeltier hatte sich auf seinem Bauch aufgesetzt. Im ersten Moment wusste er nicht, wo er war. Da hörte er plötzlich von draußen ein Pfeifen.

„Murmel, ich glaube, deine Mutter sucht dich!"

Das Tier war bereits zur Hüttentür gehuscht und flitzte hinaus, sobald Fabian die Tür geöffnet hatte. Und richtig, nicht weit entfernt schaute ein großes Murmeltier herüber. Das kleine Murmel drehte sich noch einmal kurz zu Fabian um, als wollte es sich verabschieden. Dann waren beide Tiere verschwunden. Der Junge packte nun seinen Rucksack und machte sich ebenfalls auf den Weg. Die Hütte stand an einem Waldrand, er musste jetzt nach unten laufen. Er würde sich im Sonnenlicht zurechtfinden.

Da hörte er durch den Wald ein Rufen und die Stimmen von mehreren Männern. Sie riefen seinen Namen. Fabian meinte, auch die Stimme seines Vaters zu erkennen. Er rief zurück. Und dann rannte er los, sprang über Wurzeln, und kurz darauf umarmten sich Vater und Sohn. Beiden liefen Tränen über die Wangen, Tränen des Glücks und der Erleichterung. Die anderen Männer umringten die beiden, lachten und klopften ihnen fröhlich auf die Schulter.

Fabian berichtete sogleich, wie und wo er die Nacht verbracht hatte, doch keiner der Männer wusste von einer Hütte. Der gerettete Sohn zog seinen Vater zum Waldrand hinauf, denn er wollte ihm den Zufluchtsort zeigen. Doch als sie aus dem Wald heraustraten, war nirgends eine Hütte zu sehen, nicht einmal ein Schuppen. Unter einem großen Baum waren aber viele Schneerosen zu erkennen, die ihre Köpfe der Sonne entgegenstreckten.

Die Männer, die nach ihm gesucht hatten, waren skeptisch und glaubten Fabian nicht, aber eigentlich war es ja auch egal, wie er die Nacht verbracht hatte, Hauptsache, er war gesund und hatte überlebt. Fabian kniete sich zu den Blumen, berührte sie sacht mit seinen Fingern. Fragend blickte er zu seinem Vater auf. Der nickte nur lächelnd. Er glaubte ihm. Leise wiederholte Fabian die Worte seiner Tante: „Wenn du dich verirrst, halte dich an die Nieswurz!"

Sein Vater entgegnete genauso leise: „Die Christrose hat dich in dieser Nacht gerettet. Komm, mein Junge, gehen wir nach Hause. Deine Mutter wartet auf uns."

WISSENSWERTES

Die Nieswurz heißt mit anderen Namen auch Schwarze Nieswurz, Christrose, Schneeblume, Märzenkaibl, Brandwurzel, Feuerwurzel, Frangenkraut, Gillwurz, Weihnachtsrose und Winterrose und wird botanisch Helleborus niger genannt. Aus der Wurzel wird teilweise noch heute Niespulver gemacht und daher stammt auch der Name der Pflanze. Die im Winter und Frühling blühende Nieswurz kann an einem guten Standort bis zu 25 Jahre alt werden.

MUSIK
Aus Amerika ist der Countrysong „Christmas Rose" von Frankie Laine bekannt. In der alpenländischen Volksmusik gibt es einen sehr schönen Christrosen-Walzer für Harfe und Zither von Inge Reischl und Wolfgang Schafferer. Und auch Robert Stolz hat ein Lied zur Christrose komponiert: „Es blüht eine Rose zur Weihnachtszeit".

HEILKRAFT ODER ABERGLAUBE?

Obwohl die Nieswurz nicht ganz ungiftig ist, wurde sie früher gegen Wahnsinn, Epilepsie, Lepra, Gelbsucht und andere Krankheiten eingesetzt. Natürlich war nicht immer der gewünschte Heileffekt eingetreten.

Wer die Wurzel einer Nieswurz stets bei sich trug, wurde sehr alt, glaubte man in früheren Zeiten.

Die Gallier bestrichen ihre Speere und Pfeile vor dem Jagen mit dem Saft der Nieswurz. Sie meinten, dass dadurch das Fleisch zarter wäre.

Die Christrose

In der schweigenden Welt,
Die der Winter umfangen hält,
Hebt sie einsam ihr weißes Haupt;
Selber geht sie dahin und schwindet,
Eh der Lenz kommt und sie findet.
Aber sie hat ihn doch verkündet,
Als noch keiner an ihn geglaubt.

Johannes Trojan (1837–1915)

Foto: H.Tanaka/shutterstock.com

TIPP VON KARL PLOBERGER

Es gibt nur wenige Pflanzen, die in unseren Breiten schon im Winter ihre Blüten öffnen. Der Winterjasmin mit den strahlend gelben Blüten gehört dazu, genauso wie die Duftheckenkirsche oder der duftende Schneeball. Einige milde Tage, und schon sind sie da, die strahlend weißen Blüten, die sich durch den Schnee einen Weg in die Sonne bahnen. Schneerosen lieben humose Böden „über Kalk". Das Humose erreicht man sehr leicht durch Mulchen mit gehäckseltem Laub; fehlt der Kalk, dann gibt man zerbröselte Eierschalen ins Pflanzloch und düngt damit jährlich nach. Das Allerwichtigste bei den Schneerosen aber ist: Sie wollen in Ruhe gelassen werden. Nur dann entwickeln sich große Stöcke, die immer mehr Blüten im Winter und Frühjahr bilden. Übrigens: Die weihnachtlichen Christrosen kann man in den Garten setzen, allerdings erst, wenn der starke Frost vorbei ist. Sie wurden nämlich durch die hohen Temperaturen im Zimmer total verweichlicht und würden abfrieren, später sind sie dann aber absolut frostfest.

Eine neue Blume für die Bienen

Da zuerst die Flora und Fauna unsere Erde beherrschte und die Menschen erst später dazukamen, sind wahrscheinlich auch die Bienen älter als wir. Sie sind noch heute von Blume zu Blume unterwegs, denn in jeder Blüte steckt süßer Nektar, den wir Menschen als Zuckerwasser bezeichnen würden. Die Biene fliegt zu einer Blüte, kriecht mit ihrem zierlichen Körper tief hinein – tiefer, als wir mit unseren Nasen an dem Blütenkelch riechen können. Sie nimmt den Duft der Blume mit ihrem ganzen Bienenleib wahr, setzt sich auf die meist elastischen Bettchen der Blumen, saugt den Nektar auf und sammelt auf ihren zarten Beinen und den feinen Härchen den Blütenstaub, die Pollen. Dann fliegt sie zur nächsten Blume und so fort. Die Blüten warten schon auf die Bienen, denn sie brauchen den Blütenstaub, den das Tier abstreift, zur Befruchtung. Ohne die Bienen würde es nur wenige Früchte geben.

So war einst eine Biene auf dem Weg zu einer bunten Wiese. Sie flog gerade über kargen Boden, als sie einen herrlichen Duft vernahm, einen, den sie bisher noch nicht kannte. Eine unscheinbare grüne Pflanze streckte sich der Sonne entgegen. Sie war der Biene noch nie aufgefallen. Vorsichtig ließ sie sich nieder und entdeckte viele kleine Blüten, die genauso grün waren wie die Blätter und der Stängel. Sogleich kostete sie von dem Nektar und war entzückt. Sie trank so viel, wir ihr kleiner Magen aufnehmen konnte.

Schließlich kehrte sie zu ihrem Bienenstock zurück und wurde von den Wächterinnen am Eingang eingelassen. Mit ihrer Zunge befüllte sie eine leere Wabe mit dem Nektar. Dann erzählte sie den anderen Bienen von dieser neuen Blume und tanzte dabei, so wie es Bienen seit ewigen Zeiten machen. Neugierig geworden flogen mehrere Freundinnen mit ihr los. Als sie die grüne Pflanze sahen, lachten einige.

„Was, dieses grüne Gestrüpp soll guten Saft in sich tragen? Die kleinen grünen Bürstchen sollen Blüten sein? Die kann man ja nicht mal von den Blättern unterscheiden! Du verschwendest unsere kostbare Zeit!“

Die Entdeckerin der Pflanze antwortete etwas verärgert: „Glaubt ihr wirklich, dass nur große bunte Blumen uns ihren Nektar geben? Wie oft sitzt ihr in einer Blüte, ohne trinken zu können? Los, versucht es mal! Ihr werdet begeistert sein.“

So setzten sich die Bienen auf die zarten Blüten und waren plötzlich von dem Duft ganz berauscht. Sie tauchten ihre Köpfchen tief hinein und kosteten den süßlichen Nektar. Sie hörten nicht mehr auf, bis ihre Mägen voll waren. Die Blütenzweige neigten sich unter der Last der Bienen nach unten.

Zwar minder glänzend, doch voll Feine,
voll sanfter Lieblichkeit, voll Duft,
erhebt Reseda sich, die Kleine,
und würzet rundumher die Luft.

Wilhelm Gleim der Jüngere (1742–1804)

Foto: Brzostowska/shutterstock.com

Nicht nur die Bienen waren erfreut. Auch die Blume selbst war glücklich, endlich von den Bienen entdeckt worden zu sein. Sie hatte sich lange darum bemüht, ihren Duft verfeinert und sich gegen den Himmel gestreckt.

Die Bienen waren sich einig, sie hatten hier eine wunderbare Nektarquelle gefunden.

Die Biene, die sie zuerst entdeckt hatte, sprach zu ihren Freundinnen: „Wir müssen uns bei dieser wunderbaren Pflanze bedanken. Wir können ihr helfen. Jede von uns gibt ein Tröpfchen des Honigs zurück, direkt auf die Blüte, aus der wir getrunken haben."

So geschah es. Jede Biene küsste eine Blüte und ließ ein bisschen gelbe Flüssigkeit zurück. Die Blume nahm diese dankbar auf. Seither hat sie gelbe Blüten und ist nicht mehr so unscheinbar. Sie lädt die Bienen dieser Welt ein, ihren Saft zu trinken, und verströmt herrlichen Duft, den auch wir Menschen riechen dürfen. Die Blume erhielt den Namen Gelbe Resede. Sie liebt die Wärme. Wer an trockenen oder sandigen Stellen sucht, kann sie entdecken und daran riechen.

Einen Rat möchte ich euch für alle Blumen noch geben! Bevor ihr eure Nasen in die Blüten steckt, seht nach, ob nicht eine Biene bei der Arbeit ist. Stört sie nicht dabei. Dafür dürft ihr sie genau beobachten.

WISSENSWERTES

Die Resede, botanisch Reseda lutea, wird auch Gelber Wau genannt. Dieser Name stammt aus vergangenen Zeiten, in denen die Färbepflanzen als Wau bezeichnet wurden. Die Resede wurde um 1752 wahrscheinlich aus Ägypten nach England eingeführt, und weil sie so herrlich duftet, bekam sie den Beinamen „Darling". Der Berliner Gärtner Limprecht hat in der Mitte des 19. Jahrhunderts in einem Jahr um die 30.000 selbst gezogene Reseden verkauft.

Übrigens wurde die Resede im alten Rom gegen Schlaflosigkeit und Nervosität eingesetzt.

Der deutsche Dramatiker und Lyriker Christian Friedrich Hebbel (1813–1863) soll einmal über die Resede gesagt haben:

„Wenn man in ein Zimmer eintritt, worin Reseda steht, so spürt man den Duft; ist man fünf Minuten darin, so ist's vorbei. So ist's mit allem in der Welt."

TIPP VON KARL PLOBERGER

Es gibt Pflanzen, die sind in Mode, und solche, die gar nicht gefragt sind. Die Garten-Resede ist eine von ihnen, die früher in den Bauerngärten zum „Nonplusultra" zählte. Der Duft wurde als „zart nach Veilchen" beschrieben und war so betörend, dass im 18. Jahrhundert jeder die Pflanze im Garten haben musste. Am besten sät man – wenn man Samen irgendwoher bekommt – im Freiland direkt aus. Die Erde sollte humos und eher lehmig sein. Es heißt aber aufpassen, denn die Pflänzchen sind gar nicht so leicht zu erkennen und man könnte sie versehentlich als Unkraut ausreißen. Die Blüte kommt bei Aussaat Ende April dann im Juni und dauert bis in den September. Immer alles Abgeblühte ausputzen, dann bleibt der sommerliche „Veilchenduft" lange erhalten.

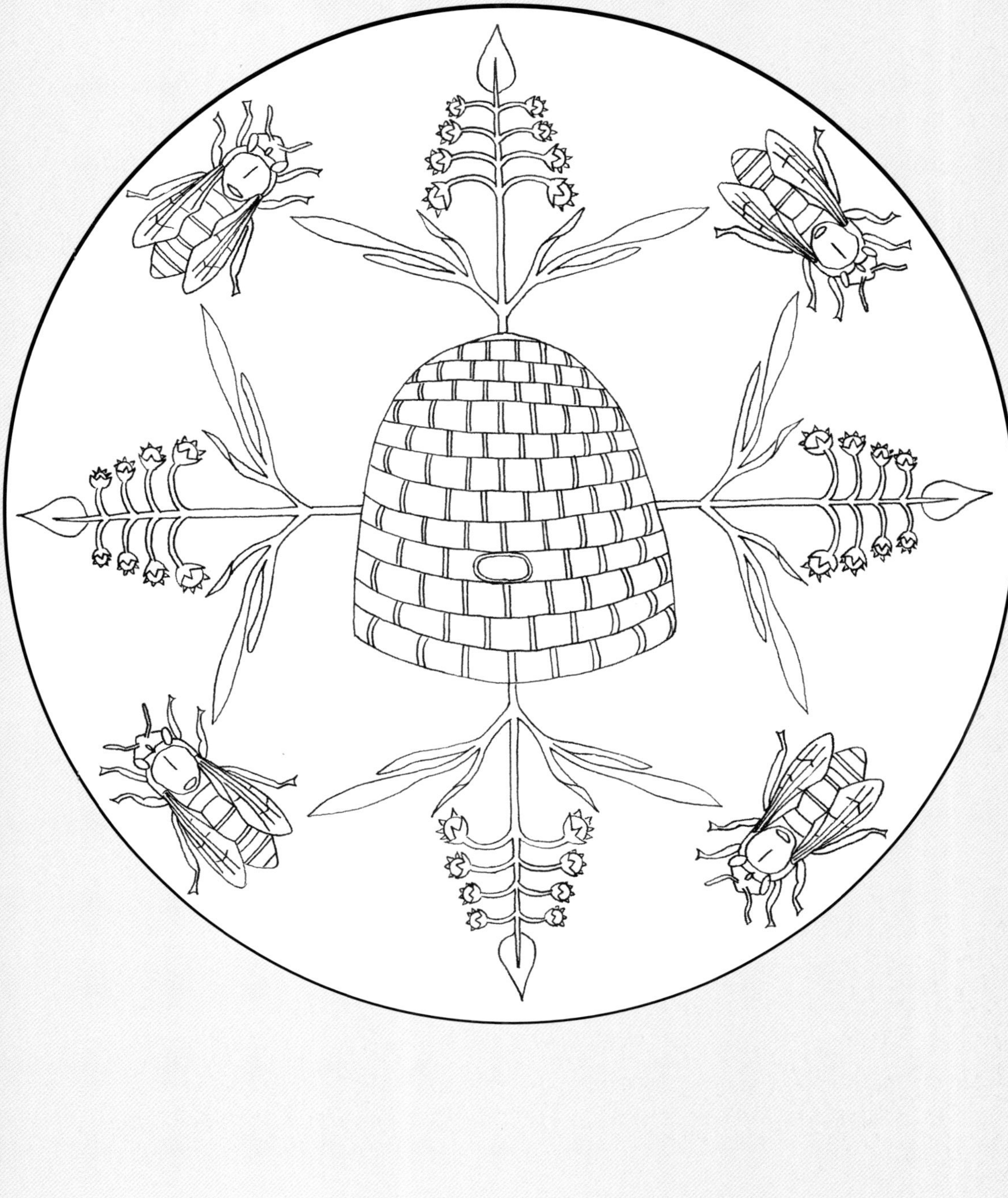

Mohnblume und Kornblume

Es geschah vor langer Zeit in einem Dorf, das heute keiner mehr kennt. Es lag eingebettet zwischen Wäldern und Feldern. Hier lebten viele Menschen als Bauern und andere von ihrem Handwerk. Fast jeder fleißige Mann bewohnte mit seiner Familie ein Häuschen. Und man kannte sich im Dorf. Der Vater von Monika war Häfner von Beruf. Er schuf aus Ton verschiedenste Gefäße, machte Krüge, Töpfe, Becher, Schalen, die allerorten benötigt wurden. Und so konnte er mit seiner Frau und seiner hübschen Tochter in einem kleinen Häuschen gut leben.

Das Mädchen war gut erzogen und so schön, dass sie jeder gerne ansah. Je älter sie wurde, desto mehr verdrehte sie den jungen Männern den Kopf, wenn sie freundlich grüßend an ihnen vorbeiging. Zu den Zeiten, in denen unsere Geschichte sich abspielte, da begrüßten sich alle Menschen noch, die sich im Dorf oder auf den Wegen zwischen den Feldern begegneten.

Als Monika erwachsen und nun eine wunderschöne junge Frau geworden war, geschah etwas sehr Trauriges. Ihre Mutter und ihr Vater wurden krank und verstarben kurz hintereinander. Nun lebte sie allein in dem Häuschen ihrer Eltern. Von ihrem Vater hatte sie das Töpferhandwerk gelernt. So war ihr Lebensunterhalt gesichert. Sie saß oft allein an ihrer Töpferscheibe, betätigte mit einem Fuß das Pedal am Boden, damit sich die Scheibe drehte. Manchmal wurde sie dabei sehr traurig, dachte an ihre Eltern, und Tränen flossen ihr über die Wangen. Sie tropften auf den feuchten Ton und wurden in das Töpfergut mit eingearbeitet. Ohne es zu wissen, stellte sie dadurch fast bruchfeste Gefäße her.

Das Einzige, das ihre Traurigkeit vergehen ließ, war Musik. Im Dorf lebte ein Spielmann, der mit seiner Laute durch die Gegend zog. Als Minnesänger spielte er auf diesem Instrument und sang dazu viele Lieder. Das war sein Beruf. Die Menschen, denen die Musik gefiel, gaben ihm etwas zu trinken oder luden ihn zum Essen ein. Manche gaben ihm auch Geld oder andere Dinge, die er brauchen konnte. Er wurde durch seine Musik zwar nicht reich, aber er konnte davon leben.

Der Bauer und sein Sohn

Der Bauer steht vor seinem Feld
und zieht die Stirne kraus in Falten.
„Ich hab den Acker wohlbestellt,
auf reine Aussaat streng gehalten;
nun seh mir eins das Unkraut an!
Das hat der böse Feind getan!"
Da kommt sein Knabe hochbeglückt,
mit bunten Blüten reich beladen;
im Felde hat er sie gepflückt,
Kornblumen sind es, Mohn und Raden.
Er jauchzt: „Sieh, Vater, nur die Pracht!
Die hat der liebe Gott gemacht!"

Julius Karl Reinhold Sturm (1816–1896)

Illustration: Peter Paul Kohlhaas

Sobald er im eigenen Dorf die Saiten seiner Laute zupfte, ließ Monika von ihrer Arbeit ab und eilte zu ihm hinaus. Sie liebte es, seinem Spiel und Gesang zuzuhören, und sie liebte es, ihm zuzusehen. Wie seine Augen dabei leuchteten, seine Lippen Worte formten, seine Lieder die Herzen der Zuhörenden eroberten. Ihre Augen trafen sich dann oft und sprachen durch die Melodie zueinander - ohne Worte. So entstand eine innige Freundschaft, die bald darauf zu Liebe wurde.

Doch nicht nur der Spielmann hatte sich in sie verliebt. Ein junger Müller wollte sie zur Frau haben. Er war der reichste Mann im Dorf und warb um ihre Hand. Er ließ ihr teure Geschenke überbringen und war sehr unglücklich, dass sie ihn als Ehemann ablehnte. Der Müller wollte sich damit nicht abfinden. Er bat seine Mutter um Hilfe, denn die beherrschte die Hexenkunst und hatte schon öfter in ein Geschehen eingegriffen. Und so wunderte es den jungen Müller nicht, dass plötzlich der gute Spielmann als Soldat in einen Krieg ziehen musste und viele Jahre nichts von sich hören ließ.

In diesen Jahren ging die Mutter des Müllers fast täglich zu Monikas Haus, um sie zur Heirat mit ihrem Sohn zu überreden. Alles versuchte sie, machte fast unmögliche Versprechungen und kostbare Geschenke. Doch selbst ein Zaubertrank konnte die Liebe Monikas zu dem verschwundenen Minnesänger nicht brechen.

Eines Tages geschah es. Monika hatte im Nachbardorf ihr Handwerk angeboten und vieles verkaufen können. Auf einem Weg zwischen zwei Feldern kam ihr die Hexe entgegen und stellte sich ihr in den Weg. Sie ließ die junge Frau nicht vorbei, sondern verlangte, dass sie ihren Sohn zum Manne nehmen müsse. Ein letztes Mal schüttelte Monika den Kopf und schlug die Heirat mit dem Müller aus. Sie sprach von ihrer Liebe zu dem Spielmann, und da wurde die alte Frau sehr zornig. Sie stieß Monika zu Boden, an den Rand des Feldes, und erhob ihre Stimme und die Hände. Aus dem Mund der Hexe erklang ein Zauberspruch in einer unbekannten Sprache. Hart und drohend klangen die Worte, die auf die liegende Monika einwirkten und sie erstarren ließen. Nachdem die Zauberworte gesprochen waren, war es still. Sehr still. Erst nach ein paar Minuten war das Zwitschern von Vögeln zu hören. Die Hexe ging vor sich hin murmelnd ins Dorf zurück. Allein. Am Feldrand lag niemand mehr. Von Monika war nichts mehr zu sehen. Kein Haar und kein Schuh. Nur eine schöne große Blume stand am Feldrand mit vier herrlich roten Blütenblättern. Sie blühte bis in den Sommer hinein und kam auch in den nächsten Jahren wieder.

Es vergingen zwanzig Jahre, als wieder ein Gesang im Dorf zu hören war, Lieder und eine Stimme, an die sich nur die Älteren erinnern konnten. Der Spielmann war heimgekehrt, als ein Fremder mit ergrautem Haar und langem blauen Mantel. Er war viele Jahre Kriegsgefangener gewesen, doch hatte er die vielen einsamen Jahre durchgestanden, weil die Erinnerung an Monika ihn am Leben gehalten hatte, die Sehnsucht zu seiner Liebsten, die er nun suchte. Er fragte nach ihr, spielte ihr fröhliches Lieblingslied. Viele Menschen kamen, um ihm zuzuhören. Sie reichten ihm zu essen und gaben ihm zu trinken, warfen ihm Münzen zu. Aber unter all den lächelnden Gesichtern erblickte er es nicht – das Gesicht von Monika, ihr sanftes Lächeln und die dunklen Augen, in denen er versinken wollte – für immer.

Doch plötzlich nahm ihn eine alte Frau an der Hand und führte ihn zum Dorf hinaus auf das Feld. Sie blieb vor einer roten Blume mit dunkler Kapsel inmitten der Blütenblätter stehen und erzählte dem Spielmann eine traurige Geschichte, die sich hier am Feld vor vielen Jahren zugetragen hatte: die Geschichte von einer schönen Frau, die in eine Blume verzaubert worden war, von einer bösen Hexe, die inzwischen schon gestorben war. Dem Spielmann liefen die Tränen über die Wangen. Sie benetzten die Blume und tränkten den Boden. Der Spielmann wich nicht von der Seite seiner Blume, die die Menschen Mohnblume getauft hatten. Er spielte auf der Leier und sang traurige Lieder, den ganzen Tag und die ganze Nacht. Freundliche Menschen brachten ihm Wasser in einem von Monikas Bechern, einen, in dem ihre Tränen verarbeitet waren. Seine eigenen Tränen tropften beim Trinken in diesen Becher.

Der Sänger war wieder allein und stimmte erneut ein Lied an, doch diesmal war es ein fröhliches. Da erschien ihm ein geisterhaftes Wesen in Frauengestalt und berührte mit der Hand seinen Kopf. Obwohl er Angst hatte, fühlte er sich doch zugleich geborgen und sicher. Dann vernahm er eine Stimme und wusste nicht, ob sie real war oder nur in seinem Kopf. „Eine schöne Blume wächst in meinem Garten. Eine rote einsame Blume. Du kennst sie. Sie wartet auf dich. Weine nicht mehr um sie. Du wirst in alle Ewigkeit mit ihr zusammenleben können."

Dann war es still. Sehr still. Erst nach ein paar Minuten war das Zwitschern von Vögeln zu hören. Der Spielmann war nicht mehr da. Sein Gesang war nicht mehr zu hören. Neben der roten Blume stand nun eine zweite, eine blaue, mit vielen kleinen Blütenblättern. Die beiden nickten sich zu, im sanften Wind, der über das Feld strich.

Elfen hätten sie wahrscheinlich hören können, wie sie miteinander flüsterten.

Seither wachsen die Mohnblume und die Kornblume oft nebeneinander. Die Mohnblume blüht zuerst, dann die Kornblume. Eine gewisse Zeit blühen sie zusammen. Wenn die roten Blätter fallen, sind die blauen noch lange zu sehen. Im nächsten Jahr kommen sie wieder. Und im darauffolgenden bestimmt auch.

WISSENSWERTES

ÜBER DEN KLATSCHMOHN

Als Wilder Mohn, Mohnblume, Klatschrose, Klapperrose, Kornrose und Ackerschnalle wird Papaver rhoeas im Volksmund bezeichnet. Der Klatschmohn blüht von Mai bis Juni, jede einzelne Blume blüht aber nur zwei bis drei Tage.

KUNST

Die Mohnblume ist in der Kunst häufig vertreten, z. B. auf Gemälden von Renoir (1841–1919), van Gogh (1853–1890) und Klimt (1862–1918). Wohl eines der berühmtesten Gemälde einer Mohnwiese stammt aus dem Jahr 1873. Gemalt wurde es von Claude Monet (1840–1926) und trägt den Titel „Mohnfeld bei Argenteuil".

MUSIK

Die chilenische Sängerin Rosita Serrano sang 1938 für den deutschen Film „Schwarzfahrt ins Glück" das Lied „Roter Mohn". Dieser Song von Michel Jary und Bruno Balz wurde ein Hit, der von vielen Schlagerstars interpretiert wurde. Der österreichische Filmemacher Franz Antel verwendete das Lied und den Titel 1956 für seinen Liebesfilm „Roter Mohn", unter anderen mit Rudolf Prack und Hans Moser. Sogar Udo Jürgens veröffentlichte 1984 „Rot blüht der Mohn".

HEILKRAFT ODER ABERGLAUBE?

Abgesehen davon, dass die getrockneten Blütenblätter als Droge verwendet werden, ist die Pflanze eher giftig als gesund, auch wenn man früher meinte, sie gegen Husten und als Beruhigungsmittel einsetzen zu können.

Den Beinamen „Totenblume" hat sie erhalten, weil sie im Ersten Weltkrieg auf vielen Schlachtfeldern erblühte.

WISSENSWERTES

ÜBER DIE KORNBLUME

Kornmutter, Kornbeißer, Blauer Schneider, Hungerblume und Blaumütze wird die Kornblume auch genannt. Botanisch heißt sie Centaurea cyanus. Den deutschen Namen hat sie bereits im Mittelalter erhalten, da sie meist an Kornfeldern zu finden war. Bei den Bienen und Hummeln ist ihre Blüte sehr beliebt, da ihr Nektar einen hohen Zuckergehalt hat.

Foto: Auhustsinovich/shutterstock.com

KUNST

Eine der wertvollsten Darstellungen einer Kornblume ist sicher das Gemälde von Vincent van Gogh: „Vase mit Kornblumen und Klatschmohn" (1887). Im Jahr 2014 wurde es für fast 62 Millionen US-Dollar versteigert.

MUSIK

Außer dem deutschen Schlager gibt es wahrscheinlich keine Musikrichtung, die sich so vieler Blumen bedient hat. 1951 komponierten Ernst Bader und Cypris Werner den Hit „Übers Jahr, wenn die Kornblumen blühen". Jürgen Drews hat sich nach seinem „Bett im Kornfeld" erst 2013 wieder an die blaue Blume herangewagt mit dem einfachen Songtitel „Kornblumen".

Vom Prinzen, der von einer Blume gerettet wurde

Einst lebte in seinem Reich ein alter König, in einem Land, das heute Polen heißt. Die schöne Stadt Krakau war damals die Hauptstadt des Königreiches. Hier hatten sich die Könige vor ihm auf einem sagenumwobenen Hügel eine Burg gebaut. Immer schon hatten die Könige viele Feinde, die ihnen Land und Reichtum wegnehmen wollten. Darum gab es und gibt es heute noch viele Kriege. Einmal sollte der König von Krakau wieder in den Krieg ziehen. Aber er war schon so alt, dass er sich kaum länger auf einem Pferd halten konnte, vom Kämpfen und Halten eines Schwertes ganz zu schweigen. Er hatte nur einen einzigen Sohn, Fioleck war sein Name. Der war noch jung und unerfahren, sein Körper war sehr zierlich gebaut. Wenn er neben anderen jungen Männern stand, meinten die Besucher der Burg, ein Mädchen hätte sich als Mann verkleidet. Der Junge war lieber spielend auf der Burg unterwegs als bei den Turnieren und Schwertübungen. In den Krieg wollte er nie ziehen. Doch als Königssohn blieb ihm nichts anderes übrig, er musste mit den vielen Soldaten in die Schlacht ziehen. Fioleck war den langen Ritt nicht gewohnt und er war noch nie länger als einen Tag von der Burg entfernt gewesen. Zudem hatte er niemals zuvor in einem Zelt außerhalb der Burgmauern geschlafen, noch dazu auf einem Lager, sehr hart, mit Tierfellen belegt.

Das Schlachtfeld lag nicht weit entfernt von einem Fluss namens Poprad. Dieser Fluss war damals schon an manchen Stellen die Grenze des Königreiches. In der Nähe wurde das Kriegslager errichtet. Hunderte Soldaten warteten auf ihren Einsatz. Waschen konnte man sich nur am nah gelegenen Fluss. Die Männer mussten hier essen, schlafen und auch ihre Notdurft verrichten. All das zusammen verursachte viel Schmutz und unangenehme Gerüche. Für den jungen Prinzen war der Gestank bald schon unerträglich. Bei einem Rundgang durch das Lager wurde er ohnmächtig und brach zusammen. Die Männer, die auf Befehl des Königs immer auf Prinz Fioleck achtgeben mussten, erschraken sehr. Sie trugen

Vom Glück

Still für sich
und doch für mich
blüht das kleine Veilchen.
Bringt mir Freud
im Wintersleid
für ein ganzes Weilchen.

Rainer Maria Rilke (1875–1926)

Foto: MarkMirror/shutterstock.com

den jungen Mann in sein Zelt und legten ihn auf sein Lager. Es wurde alles Mögliche versucht, um ihn aufzuwecken. Er wurde geohrfeigt, mit kaltem Wasser übergossen und in Felle gewickelt. Ein Knappe kitzelte ihn, ein anderer erzählte ihm viele Geschichten und Witze. Nicht die kleinste Regung war zu sehen. Manche Männer meinten schon, der junge Prinz sei tot. Sie fürchteten die Reaktion des Königs mehr als den Feind im Kampfe.

Der fast leblose Körper war aber nicht kalt, sondern glühend heiß. Ein alter Pferdeknecht, der für die königlichen Pferde zuständig war, verstand etwas von der Heilkunst und gab den Männern einen Rat. Am Rande des Waldes war eine saftige Wiese. Dort sollten sie Fioleck ins kühle Gras legen. Natürlich durften sie ihn nicht allein lassen. Da bisher nichts geholfen hatte, versuchten sie auch dies. Was konnte schon passieren? Gesagt, getan. Das Gras und die frische Luft taten dem jungen Mann sichtlich wohl. Die hohe Körpertemperatur sank allmählich. In seinem Schlaf glich der Prinz mehr einem Wesen aus einer anderen Welt, einem Feenkönig oder einem aufgebahrten Heiligen. Wieder meinten einige, der Prinz wäre auf alle Zeiten entschlafen. Da bemerkten die Männer, die an seiner Seite Wache hielten, einen angenehmen Geruch. Der war so herrlich, dass sich selbst der schlafende Fioleck diesem feinen Duft nicht entziehen konnte. Er öffnete die Augen und setzte sich im Gras auf.

Die Männer starrten ihn überrascht und freudig an. Fast wären sie ihm um den Hals gefallen. Doch das gehörte sich für Krieger natürlich nicht. Der Erwachte sah sich um. „Was duftet hier so herrlich? Was hat mich in diese Welt zurückgebracht?"

Da entdeckten sie einige Blümchen im Gras mit wohlriechenden violetten Blütenblättern. Niemand hatte diese Blumen je gesehen. Vorsichtig ließ sie der Prinz ausgraben. Er wurde mitsamt den Pflanzen nach Krakau auf die Burg gebracht. Die Schlacht hatte indessen ein Feldherr des Königreiches geschlagen und gewonnen. Der Königssohn überreichte seiner Mutter einen duftenden Blumenstrauß. Sofort bekam die Pflanze einen Ehrenplatz im königlichen Garten. Sie erhielt den Namen Fioleck, da sie den Prinzen ins Leben zurückgebracht hatte. Die Pflanze vermehrte sich und wurde nach und nach auch in anderen Ländern gesichtet. Aus dem Blumennamen Fioleck wurde der lateinische Name Viola. Bei uns ist sie als Veilchen bekannt.

Der österreichische Dichter Wilhelm Capilleri (1834–1905) hat einen kleinen Gedichtband mit dem Titel Blumengesänge herausgebracht. Die ersten drei Verse zum Veilchengedicht sind hier zu lesen:

Erstes Veilchen

Sei mir gegrüßt, du erstes Veilchen,
Das ich im Grünen jetzt erschau'.
Verzeih, wenn eine Freudenträne
Benetzt dein Kleid, so wunderblau!
Du bist so schön in deiner Blüte,
Durch dich ist all mein Herz beglückt,
Mir ist so wohl in deiner Nähe,
Weil mich dein wonnig' Duft entzückt.
Wie gerne weilen meine Blicke,
Du holdes Frühlingskind, auf dir.
Du bist so lieb und lachst so heiter
In frischer Lust herauf zu mir.

Wilhelm Capilleri (1834–1905)

Foto: ElenaGaak/shutterstock.com

WISSENSWERTES

Das Duft-Veilchen, von dem in der Geschichte die Rede ist, heißt mit lateinischem Namen Viola odorata und es ist eng verwandt mit dem Stiefmütterchen, dessen Blüte folgendermaßen aufgebaut ist: Die beiden oberen Blätter sind die Stieftöchter, die seitlichen Blätter die leiblichen Töchter und das große untere Blatt ist die Mutter.

Das Veilchen hat in Krakau tatsächlich für ein Wunder gesorgt. Ein Herzog war von einer schweren Krankheit befallen. Er betete zur Jungfrau Maria, die ihm im Traum erschien und ihm riet, er solle eine Kirche außerhalb der Stadtmauern erbauen, dort, wo im Sand die Veilchen blühen. Der Sand würde ihn heilen. Tatsächlich wurde er durch Umschläge mit diesem Sand gesund. Als Dank dafür erbaute er hier die Karmeliterkirche „Auf dem Sand".

POESIE UND MUSIK

Das Veilchen wurde in vielen Gedichten und Liedern verewigt. Johann Wolfgang von Goethe hat das Gedicht „Ein Veilchen auf der Wiese stand" verfasst. Wolfgang Amadeus Mozart hat aus diesem Gedicht ein Lied gemacht. Auch Johannes Brahms hat ein Gedicht von Ludwig Heinrich Hölty vertont: „An ein Veilchen", und Robert Stolz hat das Lied „Wenn die kleinen Veilchen blühen" komponiert.

TIPP VON KARL PLOBERGER

So klein diese Frühlingsboten sind, der Veilchenduft ist für mich betörend und die Vielfalt wird so manchen Nichtkenner überraschen. Mehrere Dutzend Sorten gibt es: vom bekannten Blau über Weiß, Gelb, Rot bis zu gefüllten Sorten. Ein kühles, halbschattiges Plätzchen unter Gehölzen ist der Lieblingsstandort dieser Staude. Alljährlich ein wenig Kompost reicht und die Veilchen werden sich ausbreiten - nicht zuletzt wegen der Ameisen. Denn diese Tierchen sind scharf auf die Samen, an denen sich ein Zuckeranhängsel befindet, und verschleppen sie im gesamten Garten.

Impressum

LANDLEBEN im CADMOS Verlag

Layout, Satz und Bildreproduktion: r2 | Ravenstein, Verden
Coverfoto: Katharina Rücker-Weininger
Mandalas: Katharina Rücker-Weininger
Fotos im Innenteil: shutterstock.com, 2 Zeichnungen von Peter Paul Kohlhaas
Projektleitung und Lektorat: Christine Weidenweber, www.verbene.eu

Druck und Bindung: Werbedruck GmbH Horst Schreckhase, Spangenberg

Deutsche Nationalbibliothek – CIP-Einheitsaufnahme
Die Deutsche Nationalbibliothek verzeichnet diese Publikation in der Deutschen Nationalbibliographie; detaillierte bibliografische Daten sind im Internet über http://dnd.ddb.de abrufbar.

Für die Richtigkeit der Angaben wird trotz sorgfältiger Recherche keine Haftung übernommen. Der Verlag und die Autoren übernehmen keinerlei Haftung für Beschwerden, die sich durch Anwendung der Rezepte oder durch den Anbau und die Verwendung der Kräuter ergeben, und übernehmen auch keinerlei Verantwortung für medizinische Forderungen.

Printed in Germany

ISBN: 978-3-8404-7562-7

Buchtipp

Joachim Brocks, Christine Weidenweber
BIBLISCHE GÄRTEN
und ihre Pflanzen

Hardcover, 128 Seiten
ISBN 978-3-8404- 8119-2

Ulla Ploberger, Cordula Hanisch
KÖSTLICHE GEHEIMNISSE
aus dem Garten für intelligente Faule

Hardcover, 256 Seiten
ISBN 978-3-8404-7528-3

Karl Ploberger
BEST OF DER GARTEN FÜR
INTELLIGENTE FAULE
Mit 80 neuen Gartenfragen und
Tipps für erste Hilfe im Garten

gebunden, 272 Seiten
ISBN 978-3-8404-7546-7

Barbara P. Meister
KRÄNZE UND GIRLANDEN
gebunden – gesteckt – geklebt – gewunden

broschiert, 128 Seiten
ISBN 978-3-8404-3011-4

Andreas Barlage
HISTORISCHE ROSEN HEUTE
Aktuelle Gartengestaltung mit
besonderen Rosensorten

gebunden, 128 Seiten
ISBN 978-3-8404-7513-9